Free Ebrei – Documenti 22

I lettori che desiderano

informazioni sui volumi

pubblicati dall'associazione culturale

possono rivolgersi direttamente a:

Associazione culturale "Free Ebrei"

vincenzo@freeebrei.com

Vincenzo Pinto

Russia Magica

Abba Achimeir lettore di Oswald Spengler

Free Ebrei

I edizione italiana, aprile 2023

© 2023 Free Ebrei, Torino

ISBN 9798391721307

Indice

Premessa

Pubblichiamo qui la prima traduzione italiana della tesi di dottorato di Abba Achimeir su Spengler e la Russia, corredata da un nostro saggio monografico di alcuni anni fa.

Oswald Spengler, notissimo storico e critico della cultura tedesco del primo dopoguerra, è importante a un secolo di distanza non solo per la sua filosofia della storia, ma anche per il suo metodo analitico di carattere abduttivo, capace di fornire spunti interpretativi sempre nuovi di fronte all'asfittica filosofia della storia imperante nel mondo del terzo millennio.

Buona lettura!

Torino, aprile 2023

Russia magica

Spengler ci dà la sensazione profonda ed esaustiva dell'anelito europeo del XX secolo alla bellezza scomparsa dell'Europa antica. Questo sentimento si respira in molti passi del *Tramonto dell'Occidente* ed essi soltanto legittimano la lettura di questo libro. Perché se l'europeo colto aveva riposto in passato la propria speranza nel futuro, ora si rivolge nel suo bisogno attuale al passato. Questo desiderio dell'età dell'oro non distingue solo Spengler, il nostro filosofo della civiltà europea, ma anche un altro autore contemporaneo, Guglielmo Ferrero, lo storico della guerra civile romana. Questa è ora la moda europea, come è sempre caratteristica di certe epoche successive a grandi avvenimenti storici, che pervada il fervido anelito al passato. Perché questi avvenimenti distruggono sempre e sospingono via i fondamenti su cui si era costruita la società, di modo che debbano sempre cercarsi con lo sguardo nuovi fondamenti. Finché questi, però, si sono trovati, nell'età di transizione domina una dottrina che non può crearsi nulla di nuovo. E quest'età della sterilità dell'assenza di senso, è anche caratterizzata dal fatto che tutto il dolore comprende lo splendore scomparso del passato. Così l'Inghilterra al volgere del XVII secolo, stanca della rivoluzione cromwelliana e dell'età puritana, si ricorda dell'"Old merry England" dell'età elisabettiana, ma ancor più dell'età shakespeariana e di ognuno dei primi prosatori inglesi. Anche in Germania dominava da un secolo questo senso di nostalgia, questa era l'epoca che poteva chiamarsi il Romanticismo cattolico. Era anche l'epoca in cui si erano sviluppate le tempeste del futuro del periodo "Sturm und Drang", dopo che aveva trovato il suo picco nell'Assolutismo illuminato e nella Rivoluzione francese, e che doveva essere rimosso dal nuovo movimento rappresentante il futuro, noto col nome di "Giovane Germania". Questo movimento romantico inizia in Germania intorno all'epoca del Congresso di Vienna e domina, tra alti e bassi, sino alla nostra epoca ogni pensiero e quantità di idee. Negli anni Trenta del secolo passato, i suoi rappresentanti erano una serie di poeti, con i fratelli Schlegel in cima, e il gruppo degli artisti figurativi, noti sotto il nome di "Nazareni". Negli anni Sessanta si rafforzò nuovamente legandosi alla comparsa del libro di Jansen *Deutsche Geschichte vom Zeitalter der Reformation*. Questo sembra l'acmè del popolo tedesco nel periodo precedente la Riforma. Successivamente inizia l'età della decadenza, perché la Riforma ha desiderato il disaccordo degli spiriti, la disintegrazione e la frastagliatura della vita politica e spirituale. Vale la pena confrontare l'espressione spengleriana sulla civiltà gotica con quel passo della *Geschichte* di Jansen, in cui parla dell'acmè della credenza cattolica e dell'arte figurativa a essa connessa, per vedere come entrambi concordino nella valutazione di quest'epoca. Il tardo romanticismo prosegue più oltre rispetto al pre-romanticismo. Mentre Jansen ritrae con colori cangianti l'età da Carlo il Grosso sino a Carlo V., da cui parla chiaramente l'anelito a quest'epoca, Felix Dahn risale all'età delle invasioni e all'occupazione delle tribù germaniche. L'uno si richiama al ritorno della Germania cristiana, l'altro a quello della Germania pagana. In Richard Wagner troviamo unificate entrambe le correnti, da una parte i *Meistersinger von Nürnberg*, dall'altra il *Ring der Nibelungen*.

Quindi Spengler non è l'unico tedesco a desiderare il buon vecchio passato. È il riassunto, la sintesi di tutti gli sforzi romantici dei suoi predecessori. Se, nella sua descrizione delle condizioni culturali passate, segue le traccia di Jansen e Wagner, nel giudizio delle forme economiche si trasformi esattamente secondo le tesi di Werner Sombart, e non c'è alcun dubbio quanto egli sopravvaluti l'antica economia tedesca con il suo corporativismo e il patriziato commerciale delle città hanseatiche rispetto al capitalismo moderno.

Il libro di Spengler è un fenomeno epocale nella letteratura universale storico-filosofica degli ultimi anni. Da tempo nessun altro libro ha costretto così tanto tutto il mondo culturale a occuparsi di esso così minuziosamente, ed è indicativo che l'opera abbia suscitato la critica ben prima che fosse finito, ben prima che fosse disponibile il primo volume. Il secondo volume fu atteso con impazienza. Questo dimostra che il destino delle creazioni umane è così mutevole e capriccioso come quello degli uomini stessi. Larga parte dei libri è sicura di cadere nel dimenticatoio così rapidamente come si viene alla luce e di riposare sulla struttura libresca come i suoi predecessori e i libri che seguiranno.

E in questa conclusione improvvisa un libro conquista l'attenzione generale ed esala l'ultimo respiro in tutto il mondo istruito. E chi "scopre" questo libro, trascinato alla luce dal mucchio di libri, proprio quel ricercatore di cose antiche che dissotterra dalle macerie e dalle rovine le ineguagliabili opere d'arte dell'antichità, la biblioteca di Assurbanipal e lo scambio epistolare diplomatico tra il re egizio e quello di Canaan. Rammentiamoci del libro di Stirner.

Questo fu scritto all'epoca della Giovane Germania, in un età in cui l'intellighenzia tedesca era conquistata dalle idee della società e che indirizzava i suoi sforzi al miglioramento delle condizioni sociali, mentre il destino dell'individuo era posto in secondo piano e la sua redenzione era attesa con quella della società. In quest'epoca di apoteosi della società, di sforzi dei popoli verso l'unificazione, di primi passi del socialismo appare il libro di Stirner *Der Einzige*, alfiere di un individualismo pronunciato. Ora anche questo libro è dimenticato, ora è già passato mezzo secolo senza che nessuno lo cerchi, e solo alla fine del secolo scorso l'anarchico individualista Makai (Mekey) ritornò sulle sue tracce, perché, nel frattempo, l'individualismo egoistico era divento la carta vincente, perché persino all'epoca del fin de siècle si erano presentati nuovi profeti dell'individualismo da diverse parti e diversi punti di vista: Dostoevskij, Ibsen, Nietzsche, Maeterlinck, Wilde, Hauptmann, l'autore del *Versunkene Glocke* etc. Stirner ricorda una proibizione segno della primavera, in mezzo alle rondini, nel freddo livido dell'inverno. Come ci ricordavamo al momento in cui c'era e andava di moda il darwinismo, che era stato anticipato da Goethe e Lamarck. Ciò che Makey fu per Stirner, lo fu il teosofo Rudolf Steiner per la dottrina della natura goethiana.

Del tutto diverso è il destino del libro di Spengler, perché si tratta di un libro della sua epoca nel senso più proprio del termine, di un libro attuale. In questo ricorda le principali creazioni letterarie di Victor Hugo dopo il culto napoleonico degli anni Quaranta e Cinquanta, dato che Napoleone III e Hugo erano gli araldi politici e letterari del bonapartismo, quell'Hugo il cui odio per Napoleone III era proporzionale alla sua venerazione per Napoleone I. Un altro esempio fondato per questo libro sono i *Räuber* di Schiller del periodo "Sturm und Drang" e l'arte e letteratura bucoliche alle soglie della Rivoluzione francese.

In altri termini: *Der Untergang des Abendlandes* è un libro moderno. Ma perché? Il giudice futuro delle condizioni "EGISTIGEN" della Germania all'epoca della Pace di Versailles, della violenta soppressione dell'orgoglio nazionale tedesco, che si era formato nel periodo bismarckiano e degli ultimi Hohenzollern, questo giudice dovrà guardare soprattutto il libro di Spengler. Questo libro, saturo di pessimismo sulle sorti future dell'Europa, è stato scritto proprio da un tedesco, che scruta il tramonto dell'Occidente attraverso il prisma della Germania sconfitta. Questo libro esprime il sentire di una parte dell'intellighenzia europea al termine della guerra e nel primo dopoguerra. All'inizio della guerra questo sentire era del tutto differente. Allora gran parte dell'intellighenzia era dominata dalla psicosi bellica. L'uomo di cultura tedesco aveva atteso dalla guerra mondiale la realizzazione del pensiero tedesco, sperava che al termine del conflitto la Germania avrebbe giocato nella storia dei popoli quel ruolo che le competeva e cui aveva vanamente aspirato dal Medioevo. Ciò che fu Roma nell'antichità, doveva esserlo la Germania nell'epoca contemporanea, e la guerra mondiale fu considerata come la guerra di Roma contro Cartagine. Quest'idea l'aveva prodotta il più grande storico tedesco dei nostri giorni, Eduard Meyer, l'intellighenzia tedesca che considera l'Inghilterra potenza coloniale e commerciale come la Cartagine dei giorni nostri. Nella Germania particolaristica del Medioevo e dell'età della Riforma sino al termine della Guerra dei Trent'anni, si scorgeva il simbolo dell'Ellade classica, mentre simbolizzò la Prussia con il suo senso esemplare per la sottomissione e l'organizzazione militare dall'epoca della Roma imperiale. La Prussia, che aveva unito le stirpi tedesche, doveva unire tutta l'Europa sotto il suo comando. Enormemente grandi erano quindi le speranze dell'intellighenzia tedesca all'inizio della guerra e grande fu la delusione di fronte all'esito infausto del conflitto. E questa delusione, questo tono di rassegnazione percorre come un filo rosso tutto il libro spengleriano. Disperazione nel presente, oscura visione nel futuro e così ardente desiderio di un passato irrecuperabile riempie il libro dalla prima all'ultima pagina. Le descrizioni spengleriane del passato ricordano l'anelito e il lamento del maschio maturo per la scomparsa felicità della gioventù. La sua rappresentazione del presente richiama alla mente il rapporto sprezzante degli aristocratici decaduti con i parvenu. Il futuro europeo appartiene alla Russia, dice ogni tedesco, anche quello che non intuisce l'esistenza del libro spengleriano. Da tutto questo si evince quanto sintomatico per la sua epoca sia il libro di Spengler.

Capitolo 1. Civiltà araba

Per la dimostrazione del concetto di anima magica, che non ha alcun rapporto con la zolla, Spengler ci porta davanti agli occhi due popoli che non posseggono alcun rapporto profondo con il loro territorio: Israele e la Persia dall'epoca degli Achemenidi sino all'epoca di Alessandro Magno. Spengler ripete l'errore già commesso da Renan e da Mommsen, quando afferma: "Gli ebrei sono una nazione senza terra. Gerusalemme è una Mecca, un centro sacro, ma non è né una patria, né il centro del popolo". Non è indifferente il fatto che questa considerazione su Gerusalemme abbia messo radici in tutta la ricerca storica moderna. Anche Kautsky appartiene alla scuola di Mommsen. Se Gerusalemme non dovesse essere nient'altro che una "Mecca", non avrebbe condotto una lotta così intensa per la vita e la morte con Roma, con l'enorme Impero romano, che all'epoca era al suo apogeo. Al momento della rivoluzione dell'anno 70 d.C., tutta la Palestina era abitata dalla popolazione ebraica, che due secoli prima abitava soltanto una piccola parte del territorio. Vogliamo confrontare qualche piccola parte della Russia era abitata dai russi all'epoca di Pietro, cioè due secoli prima dell'esplosione della Rivoluzione russa, o quale parte della Britannia conquistarono gli inglesi due secoli prima di Cromwell. I persiani degli Achemenidi, cioè sotto il governo di Ciro e Dario, formavano solo una piccola "diocesi" nell'immenso Impero persiano. La Persia si trovava all'epoca agli inizi del suo sviluppo storico. E anche i tedeschi, all'epoca dei regni sassoni, possedevano al massimo un terzo dell'attuale Impero tedesco. E la Russia, all'inizio del periodo di Kiev, ai giorni di

Vladimiro il Santo e di Jaroslav il Saggio, apparteneva quasi in tutta la dimensione della sua superficie attuale al principe di Kiev, ma anche all'epoca solo una piccola parte del territorio era abitato dai russi. E all'epoca delle guerre puniche quasi tutta l'Italia era annessa all'Impero romano, ma la latinizzazione dell'Italia era solo agli inizi. All'epoca di Ciro e Dario i persiani non rappresentavano un esercito di Normanni, come li chiama Spengler. Come ogni popolo giovane, essi conquistarono solo una piccola parte del territorio, abitavano a Est del Golfo persico. I conquistatori di tutto il mondo orientale possedevano solo tutta la Persia di oggi. I russi, che si impadronirono di quasi tutto il Nord Europa e dell'Asia, vivevano agli inizi del loro sviluppo storico solo nei dintorni di Novogorod e in piccole pattuglie territoriali lungo il Dnjepr e i suoi affluenti sino al luogo in cui il Dnjepr abbandona le foreste e si versa nella steppa, il punto di ritrovo delle tribù nomadi come i Peczenegi e i Cumani.

Se vediamo i diversi popoli nella loro carriera storica, scorre davanti ai nostri occhi il seguente nastro: inizialmente conquistano molti territori, ma poi riescono difficilmente a conservarli in loro potere. Ci sono popoli nel cui dominio non soltanto restano i luoghi conquistati, ma che si lasciano anche colonizzare da loro, popoli che annettono i territori occupati al loro imperio e che portano il nome di grandi popoli, come per esempio Persia, Roma, Bisanzio, Cina, le grandi potenze europee e la Russia. Ci sono popoli che inizialmente occupano la maggior parte dei territori e che accrescono il loro imperio, improvvisamente riducono e perdono tutti i territori occupati. Tanto gli ebrei, quanto i greci si distinguono poco all'inizio della loro carriera politica, ma tuttavia non è corretto. La diaspora ebraica corrisponde esattamente alla colonizzazione greca. Cipro, la Cirenaica, la Mesopotamia formavano le superfici colonizzate dell'Italia, ma le terre mediterranee erano già state occupate dagli ebrei e questa fu la ragione per cui gli ebrei formarono soltanto un mucchietto nella loro principale colonia Alessandria. 150 anni dopo la distruzione di Gerusalemme, la Palestina resta ancora il centro degli ebrei. Il centro in Mesopotamia iniziò a svilupparsi in un momento successivo e ad Alessandria la civiltà ebraica era greca per foggia esteriore, cioè la lingua, ma interiormente restava ebraica. Il filosofo ebreo Filone viveva in Alessandria, il matematico greco Archimede a Siracusa. Spengler sbaglia sostenendo che i profeti ebrei furono "contemporanei" di Zarathustra. "Contemporanei" di Zarathustra sono Mosè, Paolo, Maometto e Confucio. I profeti sono "contemporanei" dei padri della Chiesa. Tertulliano, Agostino, Basilio il Grande, Giovanni Crisostomo e altri furono i filosofi della religione cristiana. I profeti d'Israele lottarono contro il credo di Baal, contro l'influsso di Egitto e di Tiro. I profeti del cristianesimo discussero contro l'influsso di Atene e dei filosofi pagani. I profeti non fondano una nuova religione, l'approfondiscono soltanto e purificano soltanto il credo, nella lotta contro influssi stranieri. Perciò, come nella parte su Dostoevskij abbiamo cercato di mostrare che il pensiero religioso è non soltanto specifico dello spirito russo, così anche la profezia non è un fenomeno del pensiero magico. Noi troviamo profeti anche nel Medioevo, profeti erano i fondatori degli ordini nella religione cattolica, come Domenico, Francesco, Ignazio di Loyola, gli incitatori e apostoli delle crociate e molti, molti altri.

La distruzione del Tempio e l'esilio babilonese furono di grande rilevanza per la storia degli ebrei. I caldei, nella loro posizione nello sviluppo storico ebraico, ricordano il significato dei tatari nella storia della Russia. Se volessimo adoperare la terminologia spengleriana, potremmo sostenere che i caldei in Israele e i tatari in Russia furono "contemporanei" dei normanni in Francia, degli Hyksos in Egitto, dei galli per il loro significato nell'Impero romano, degli ungari per la Germania, dei danesi per l'Inghilterra, dei saraceni per l'Italia, degli unni per la Cina e, infine, dei turchi per la Bulgaria e l'Ungheria. Che lo sviluppo della Russia sia giunto in ritardo rispetto all'Occidente, è comprensibile con lo "Igo (Joch) dei tatari". Allo stesso modo, la civiltà nazionale di Israele fu condotta sulle tracce e le impressioni dell'esilio babilonese. Gli eventi "contemporanei" suscitarono però in questi due popoli effetti diversi. In realtà, le cose non stanno così. È quasi impossibile accennare a un popolo che non sia stato sconfitto almeno una volta dall'"Igo (Joch) tataro", che cioè non sia caduto quantomeno una volta sotto l'influsso delle tribù barbariche che cavalcavano nel deserto sui loro cavalli o conducevano manovre inquiete sui mari sulle loro navi. Se prima abbiamo parlato dello "sviluppo ritardato" della Russia, è perché lo dice Spengler, che seguiva le tracce dei cosiddetti slavofili, tra cui annovera anche Dostoevskij, visto che la Russia è più giovane di tutto il restante Occidente. E questo "ritardo" dello sviluppo russo si spiegava con l'"Igo (Joch) tataro", ma potremmo osservare che il cosiddetto "Igo tataro" abbia toccato quasi ogni popoli in una particolare epoca. È difficile asserire qualcosa di certo sullo "sviluppo ritardato" della Russia. Si tratta di uno dei problemi più scuri e nascosti della filosofia della storia; perché lo sviluppo di un popolo avviene in un momento particolare e quello di un altro in un altro momento?

Renan osserva che gli ebrei ritornarono rinnovati nelle loro visioni religiose dal loro "esilio babilonese". Spengler, la cui totalità delle visioni sulla civiltà ebraica e persiana si è costruita sulla base delle ipotesi avanzate da

Eduard Mayer, osserva che l'ebraismo a Babilonia fu esposto al forte influsso della religione zoroastriana dei persiani. Qui è il momento di osservare en passant che l'influsso religioso-culturale dei persiani rappresenta una delle visioni storiche più care a Eduard Mayer. Innanzitutto, egli l'ha brevemente formulata nella sua *Geschichte des Altertums*. Poi, nella seconda parte del suo libro *Ursprung des Christentums*, l'ha spiegata e ha sviluppato una solida ipotesi. Ma questo storico non rivolse la sua attenzione al fatto che rappresenta quasi una legge nella filosofia della storia che un popolo più giovane possa esercitare il suo influsso su uno più anziano, ma per Giuda la Persia era un popolo giovane. Ciro fu un "contemporaneo" di Davide. Se tuttavia Eduard Mayer osserva che Giuda, il cui sviluppo iniziò quattro secoli prima di quello persiano, fu influenzata dalla Persia, dobbiamo subito osservare che E. Mayer intende ridurre in modo istintivo il valore dell'ebraismo semitico rispetto alla Persia ariana. Perché E. Mayer è il grande storico legato alla dottrina della teoria della razza, che ha il suo centro in Germania, così come in Russia veniva sopravvalutato il valore dell'economia russa in Russia.

Gli ebrei non portarono con sé dall'esilio babilonese nessuna nuova religione. Le novità religiose dell'ebraismo, legate al nome di Ezra, non furono in realtà un fenomeno stravagante nella storia del popolo ebraico. Ezra è il grande riformatore dell'ebraismo e il "contemporaneo" di Lutero. Proprio Lutero non è un fenomeno unico nella storia universale, perché ogni fenomeno che si esprime in una società possiamo incontrarlo anche in altri segmenti temporali analoghi in altre società. Ciò che a Lutero in Germania non riuscì completamente, riuscì al patriarca Nicola in Russia, a Zwingli in Svizzera, a Ezra in Giuda. Ezra fu un riformatore dell'ebraismo; un riformatore su grande scala storica fu Maometto per la Persia e la Siria.

L'Islam non portò alcuna idea nuova nel senso religioso per i persiani e i siriani. Fu solo più radicale in ambito teorico, più attivo in senso pratico rispetto alla chiesa cattolica-ortodossa rispetto al monofisismo siriano ed egizio e al nestorianesimo mesopotamico. Anche Buddha dev'essere annoverato nella classe dei grandi riformatori. Non giunse per distruggere il brahmanismo, ma condusse soltanto miglioramenti e cambiamenti al suo interno. È un errore di ragionamento spengleriano e un errore completo quando egli sostiene che il buddhismo sorse come sintomo della decadenza indiana. In realtà, all'epoca l'India era ancora molto giovane, come la Germania all'epoca della Riforma, come la Russia all'epoca di "Raskol". Il re Asoka, che andò sulle tracce di Buddha, fu l'indiano Pietro il Grande. La Riforma in Grecia è legata al movimento religioso che si impadronì della società nel VI secolo e che era molto vicina alla penetrazione e all'introduzione del culto di Dioniso dall'Asia e col semi-mitologico nome di Orfeo e Pitagora. La Riforma a Roma si basa sulla diffusione e l'introduzione degli dèi olimpici, che conquistano il loro posto sul Capitolo.

In una società la riforma di basilare importanza, in realtà, viene raggiunta attraverso lo scambio reciproco di due religioni, come accadde per esempio in Persia grazie all'avanzata dell'Islam. E in altre società la riforma non raggiunge alcun cambiamento profondo o importante. Si accontenta dell'intervento della religione principale attraverso piccoli cambiamenti e riforme, come accadde in Spagna, Italia e Polonia. Gli ordini dei Domenicani, dei Francescani e dei Gesuiti posero fine alla decomposizione che si diffondeva nella chiesa cattolica.

Ci siamo soffermati sulla Riforma e sulla sua posizione internazionale per mostrare come il percorso nello sviluppo storico delle religioni fosse generalmente lo stesso, così in Occidente come in Oriente, ovvero –

per dirla in termini spengleriani – così nel mondo apollineo, come in quello faustiano e magico. Il movimento riformatore non interviene nel mondo magico in modo più profondo e non vi ebbe un significato più importante di quanto successe in quello faustiano. Il radicalismo riformatore non dipende dal fatto se si sia realizzato in una società che era vivificata dallo spirito magico o faustiano, ma dal destino storico, composto da molte ragioni locali.

Torniamo al problema della diaspora. C'è bisogno di questo excursus per dimostrare come sia impossibile affermare che i popoli magici – secondo la concezione spengleriana – fossero popoli del tutto privi di terra. La sezione sullo sviluppo nella storia ebraica, indicata sotto il nome di diaspora, non indica affatto la verità dell'affermazione che il popolo ebraico sia un popolo nomade senza terra, ma indica lo sviluppo colonizzatore all'epoca della distruzione del Secondo Tempio. Spengler osserva con ragione che l'ebraicità della diaspora fu quasi del tutto indipendente dalla metropoli in Palestina, ma anche in questo caso la diaspora ebraica non si differenzia essenzialmente dalla colonizzazione generale. Gettiamo una breve occhiata sulle colonie – indipendentemente dallo stato d'appartenenza – e consideriamo un momento il rapporto tra esse e la città (o stato) metropolitana. In senso politico, la colonia dipende generalmente sempre meno dalla metropoli. Quand'anche ci sia un rapporto importante tra i due, esso è di natura culturale: lingua comune, civiltà religiosa o mondana. Solo il credo di Baal e la lingua punica ricordavano il legame di Cartagine con la Fenicia. Soltanto il fenomeno culturale, che ha il nome di Omero, unì la "Grande Grecia" a Occidente con la sua città metropolitana e Oriente. L'idea dell'unificazione della Grecia sotto l'egemonia ateniese non riesce a realizzarsi non a causa dell'alleanza peloponnesiaca, le cui forze e mezzi erano piccoli rispetto ad Atene, ma a causa dell'opposizione di Siracusa. E sinora la Repubblica nordamericana, indifferente alle correnti migratorie provenienti dall'Europa centrale e che durano già da un secolo, non è riuscita a strappare l'indipendenza culturale e il legame tra America e Inghilterra, il suo stato metropolitano. In ambito culturale gli Stati Uniti restano una colonia inglese, ma non i senso politico. La liberazione del Nord America dal dominio inglese e dell'America latina da quello spagnolo e portoghese, non è l'esito di un errore commesso dallo stato metropolitano, ma è una liberazione politica necessaria e un atto della provvidenza, perché il legame tra colonia e metropoli può esistere solo su base culturale. E le colonie inglesi con la loro popolazione europea, come Canada, Australia e Sud Africa, sono soltanto alleati dell'Inghilterra e il legame tra metropoli e le loro colonie è analogo al legame dèlico in Grecia nel suo primo periodo, quando i principi federali non vacillavano ancora. Il legame politico tra ebrei di Palestina ed ebrei della diaspora è un fatto, analogo ad altri legami simili tra le colonie e il loro punto d'origine, la sua metropoli, i cui rapporti reciproci si sono molto allentati. La colonia ebraica di Alessandria e di Cirene apparteneva politicamente ai Lagier, le colonie della Mesopotamia erano soggette ai parti. E anche in questo si la diaspora ebraica non si differenzia da quella di altri popoli. Così gli Joni nel territorio dei Persiani, dei grandi Greci e della Sicilia erano stati sottomessi da Roma ben prima che succedesse alla metropoli greca. Aggiungiamo ancora il Canada, nel senso più letterale del termine, la cui popolazione è francese, il Transvaal e l'Orange olandese, che appartengono alla Grecia.

Non sappiamo quale rapporto quantitativo ci sia tra la comunità ebraica palestinese e gli ebrei che vivono sparpagliati nella diaspora; ma, nonostante gli sforzi dello storico della Grecia Beloch di limitare e di determinare la popolazione delle colonie nel rapporto numerico con la metropoli, è difficile dire se la popolazione della metropoli si anche quantitativamente superiore rispetto a quella delle colonie. Gli ebrei divennero un "popolo senza terra", cioè il tratto sintomatico di un popolo magico – secondo la terminologia spengleriana – quantomeno due secoli dopo la distruzione di Gerusalemme. Perché all'epoca in cui sorse la crisi nella metropoli ebraica, in Palestina, furono fondate anche le principali colonie della diaspora ebraica: Alessandria, Cirenaica e Cipro. Se Spengler, che in questo problema è un allievo di Mommsen e di Schuerer – i migliori storici del periodo di Gesù –, vede negli ebrei dell'epoca di Gesù un "popolo senza terra", questo destino toccò molto prima all'ebraismo. Il periodo magico inizia per Spengler all'epoca di Gesù, ma il centro greco emigrò dalla metropoli 300 anni prima dell'inizio del periodo magico, il cui inizio Spengler lo colloca all'epoca della nascita di Gesù. Tutto questo dimostra che il tratto decisivo del mondo magico – il legame debole, impercettibile con una terra – non è caratteristico soltanto dei popoli magici. Il fenomeno della diaspora sorge non meno nei popoli apollinei che in quelli faustiani. Nei greci – il popolo meno magico – osserviamo un fenomeno magico come il culto dionisiaco. L'essenza di questo culto l'ha spiegata e interpretata brillantemente Nietzsche. Questo dionisismo non è soltanto l'espressione dell'elemento magico nel popolo greco, è un fenomeno dostoevskiano – in questa forma evidente come la intende Spengler. E potremmo ancora osservare che, nel senso spengleriano, autentici effetti dello spirito magico producono più spesso fenomeni ripetitivi nella civiltà e nella vita di altri popoli. Ciò che è storicamente noto col nome di "conversione dei pagani" all'epoca della nascita di Cristo, cioè che altri popoli si convertirono all'ebraismo, è un tratto dell'influsso ebraico e un tratto dei suoi effetti assimilatori sui popoli con civiltà più tarda. Questo fenomeno magico non è specifico soltanto per il popolo magico degli ebrei, ma anche per quelli occidentali e antichi. La "conversione" all'ebraismo della popolazione di Adiabene, Saba, Cipro e Cirene ricorda l'ellenizzazione dell'Asia minore e della Siria. Ciò che i greci intendevano col termine "barbaroi", corrisponde al concetto di "goi" e di "pagano" per gli ebrei. Questo fenomeno magico della "conversione" è noto in Occidente col nome di assimilazione. Questa particolarità della "conversione" si è sviluppata molto potentemente in America. E questo è un fatto molto noto. Ricordiamoci che anche in Europa l'ottimo talento della "conversione" caratterizza ottimamente il popolo francese. Con quale meraviglioso zelo riuscì ai francesi – già nei primi periodi – a "francesizzare" la popolazione celtica della Britannia e quella tedesca dell'Alsazia e, al di fuori della Francia, l'influsso della francesità sulle alte cerchie tedesche nel XVIII secolo, questo influsso da cui si è prodotta soltanto la guerra di liberazione (1813) e che perdura sino alla Rivoluzione nel 1848. Il popolo tedesco ha del tutto superato la francesità solo grazie al conflitto nel 1870. Chi ha gettato una visione d'insieme sulla letteratura russa, doveva tener presente anche del grande influsso francese sulle alte cerchie della società russa. Quest'influsso era così forte, che Spengler riteneva che le più alte cerchie russe, estranee al loro popolo, costituissero uno strato occidentale nel grande mondo magico russo. Aggiungiamo anche quanto sia stato grande l'influsso francese nel mondo levantino, specialmente in Egitto. E il popolo inglese è – già in epoca moderna – riuscito ad anglicizzare la sovrappopolazione di Galles, Scozia e persino Irlanda. I teorici delle razze devono avere maggior acutezza di spirito per spiegare i fenomeni di Walter Scott, John Burus, Adam Smith, Oscar Wilde e, last but not least, Lloyd George. Il popolo russo si distingue in gran quantità per "spirito di conversione". La russificazione fece progressi sia nei territori di frontiera della Russia occidentale, sulle coste tedesche e baltiche, la cui posizione culturale già sovrastava su molte altre, come anche nelle popolazioni primitive del Caucaso, del territorio uralico e della penisola balcanica. Per ritornare e avvalorare la dimostrazione che la "conversione" non sia un tratto caratteristico solo del mondo magico, ricordiamoci della romanizzazione dell'Iberia, della Gallia, dell'Africa, della Britannia e della Dacia. Questa romanizzazione di terre nella parte occidentale del Mar Mediterraneo è in ogni caso non meno profonda e radicata che l'islamizzazione delle terre orientali del Mar Mediterraneo.

Nella concezione storico-filosofica di Spengler, la civiltà russa occupa, in relazione all'Occidente, lo stesso posto che quella araba occupa in mezzo al mondo antico. Ma Spengler utilizza grandezze incommensurabili. La civiltà araba nella scala – cui si rivolge Spengler – rappresenta un gruppo di popoli, culture e territori, la cui analogia in Europa – e in senso ben preciso – possiamo ritrovare anche nel mondo antico e nell'antico Oriente. Il "mondo" russo rappresenta una forma in sé chiusa che non possiamo confrontare con il "mondo" arabo; esso trova posto tra i popoli dell'Occidente, il francese, il bizantino, il greco, ecc. Il popolo russo è un popolo singolo, mentre quello arabico – come lo intende Spengler – è un gruppo, i cui arti rappresentano molti popoli. Il fenomeno di Maometto in Arabia è un evento internazionale di maggiore importanza rispetto a quello di Lutero in Europa. Lutero e Maometto sono "contemporanei". L'Islam è la "Riforma" dell'Asia vicina e del Nord Africa. Perciò, come la Riforma "ripulì" il Cristianesimo occidentale dal "paganesimo" del cattolicesimo, così Maometto diede un'estrema forma monistica alla religione dei persiani, dei siriani e degli egizi. Un movimento religioso così profondo come Islam possiamo – in un certo senso – vederlo in Russia nel bolscevismo, ma non nel "dostoevskismo", come lo intende Spengler. Ma su questo vogliamo pronunciarci in particolare in un altro luogo.

Capitolo 2. La scoperta della Russia

La Russia fu scoperta molte volte dall'Occidente. La prima volta (nel XVI secolo) gli inglesi scoprirono i moscoviti. Era l'epoca delle grandi scoperte geografiche. Contemporaneamente alla scoperta dell'America e degli Indiani via mare lungo le coste africane, all'irruzione dei gesuiti in Cina e Giappone, alla ricerca di una via nord-orientale e nord-occidentale, si aprì anche la via alla Russia. Gli inglesi penetrarono da Nord via mare e i tedeschi da Occidente attraverso la Polonia via terra. I moscoviti sembravano loro estranei e in contraddizione all'essenza dell'uomo occidentale, sia nella religione diversi dalla religione occidentale come quella cattolica, sia nella foggia esteriore degli uomini, che abitavano la Moscova, i maschi con la loro lunga barba — contrariamente ai visi rasati degli occidentali, alle donne, meno fidate, che non interferivano nella vita di tutti i giorni. La venerazione dello zar moscovita era simile a quella del boldehan in Cina e del gran mogol in India. Come gli europei avevano portato dall'India tessuti preziosi e pietre preziose, spezie e altro, e come l'America era diventata la fonte più importante dell'esportazione di tabacco, caffè e zucchero, così la Moscova era diventato luogo d'esportazione con le sue foreste ricche di animali. La chiesa cattolica inviò missionari in India, Cina e Giappone, per convertirle alla propria religione. Questa chiesa inviò anche i suoi missionari in Moscova, per comunicarvi l'idea di unione, cioè l'idea di unificazione delle chiese. Da ciò vediamo che gli Europei, la prima volta che incontrano la Russia, vedono in questo paese un paese coloniale, abitato da barbari, che non poteva sottrarsi al loro influsso politico, economico e culturale -

religioso. Ma nella Moscova si opposero sia il governo, sia la popolazione alla potenza penetrativa europea. Così gli occidentali rinunciarono alla loro intenzione di soggiogare la Russia, anche se ci riuscirono facilmente in Messico, Perù e India. Il sentimento d'orgoglio nazionale e la consapevolezza di sé era molto sviluppato nei moscoviti. La Russia del XVII secolo era una giovane comunità, piena di energia e di forza, non come l'India contemporanea, o il Messico e il Perù, che si sollevarono lentamente dalla loro condizione selvaggia. Sembrava che nella Moscova fosse iniziata una reazione contro i "latini" – così erano nominati i popoli europei, così come contemporaneamente la popolazione locale in Cina e soprattutto in Giappone si era sollevata contro i "bianchi". Ma in Russia la reazione fu di un altro genere. I vecchi paesi del lontano Occidente cacciarono i commercianti olandesi, i missionari gesuiti dal loro paese, uccisero i loro fratelli che si erano convertiti alla religione straniera, e proibirono alle navi europee di fermarsi nei loro porti. In Russia accadde proprio il contrario. Qui crebbe sempre più l'interesse per l'Europa occidentale. L'orgoglio nazionale non poteva abbagliare a tal punto da non osservare che molti prodotti e opere della civiltà occidentale superavano quelli del proprio paese per importanza e grandezza. Alla fine del XVII secolo l'influsso occidentale prese il controllo completo. Nella figura di Pietro vinse l'estrema occidentalità in Russia. Alla sua personalità dedicheremo una sezione apposita, qui tuttavia vogliamo ancora osservare che in Russia, in quella Russia "orientale e magica", l'individualità di Pietro è uno dei fenomeni più importanti e monumentali della storia. La prima volta questa vittoria è intimamente legata alla personalità di Pietro, la seconda – oggigiorno – adotta la forma del bolscevismo. Gli oppositori dei bolscevichi, i socialisti moderati e i liberali, erano occidentali. Gli oppositori di Pietro, di questo estremo e particolare occidentale, erano anche nel loro spirito occidentali. Così il principe Galizin, la zarina Sofia, gli "Strelzen", cioè l'esercito moscovita, i cui capi erano istruttori occidentali.

La prima penetrazione dello spirito occidentale – come vediamo – era legata alle scoperte geografiche. La seconda scoperta avviene in relazione agli avvenimenti politici, che avvengono tra la fine del XVIII e l'inizio del XIX secolo, cioè con la Rivoluzione francese e Napoleone. La Russia gioca una parte importante negli eventi politici di questo periodo. Rappresenta già una potenza politica di primo rango. Lo spirito francese conquista i cuori non solo in senso politico, ma anche culturale. Le classi superiori ricevevano la loro educazione in lingua francese.

La terza scoperta della Russia è legata a grandi eventi politici: la grande guerra europea e la grande rivoluzione russa. Quest'ultima scoperta inizia già a fine Ottocento. I francesi iniziano a vedere in Russia i loro alleati nella lotta revanscista contro la Germania. Anatole Laurier Bolliers, nel suo libro *Les empires de le Zar* ci dà un'immagine del grande popolo russo. Ma ancor più grande era l'interesse del popolo tedesco in Russia. Lo storico Schiemann si dedica completamente alle esplorazioni della Russia. Mette in guardia l'Impero tedesco di fronte al grande pericolo orientale. La sua profezia si è in parte realizzata nell'epoca della guerra europea e della propaganda bolscevica in Germania. Più caratteristica è il libro di Spengler. È un'opera di sintesi di tutte le idee sociali e culturali che oggi ci sono e si danno in Germania. È l'enorme disperazione che oggi si è impadronita dell'Europa e soprattutto della Germania, a spiegare l'avvicinamento dell'attenzione generale alla Russia.

Capitolo 3. Fellah o muzik ovvero il villaggio russo

Spengler accenna con grande perspicacia alla posizione che il villaggio occupa nell'ordine della società. Ma – secondo me – qui è il momento per osservare che è impossibile comparare il fellah e il muzik in Russia. Qui è il luogo per correggere l'errore di Spengler. Il fellah appartiene a una società priva di ogni storicità, a una società i cui effetti storici appartengono al passato. In generale, l'agricoltura fiorisce nelle antiche società, come per esempio India, Cina ed Egitto. Sono i classici luoghi dei fellah. E in Europa scorgiamo una serie di paesi che stanno per accettare la forma fellahica. L'agricoltura intensiva di Spagna e Portogallo, in Valencia e Andalusia, Italia, Olanda e Fiandre e della Germania occidentale ricorda per somiglianza la lavorazione intensiva della terra in Giappone, Cina, nelle valli del Gange e del Nilo. L'agricoltura è fellahico o latifondista nelle antiche società, o un miscuglio dei due. I latifondi in Inghilterra sono un tratto di un'antica società così come l'economia fellahica in Olanda, e così i latifondi in Sicilia rispetto all'economia fellahica lombarda. Il muzik russo non è affatto un fellah orientale. Egli fornisce materiale umano alla città, anela alla città. L'elemento più energetico del villaggio russo si spinge in città. Non è contemporaneamente contro la città, come il fellah in Oriente. Il contadino russo si rivolta di quando in quando contro la città e lo stato, il contadino russo, come quello di ogni società che vive nel presente, forniva dai suoi mezzi un grande contributo all'esercito per le conquiste militari e il materiale colonizzatore, la Russia gli deve la possibilità di popolare i territori senza limiti dall'Europa orientale all'Asia settentrionale. Il contadino russo ricorda molto quello romano in epoca repubblicana, al valido colonizzatore e conquistatore, ma non il fellah orientale, che si oppone a tutto ciò che si trova fuori del suo villaggio. Ne consegue che anche il villaggio russo non ha alcun rapporto o qualche relazione interiore con il villaggio orientale.

Capitolo 4. Pietroburgo ovvero la città russa

La concezione spengleriana, secondo cui la città russa sarebbe un corpo estraneo nella vita popolare russa, sul cui tronco è squadrato il milieu rurale, è fondamentalmente erronea. Non possiamo affatto paragonare la città russa in epoca imperiale con quelle greche dell'Asia minore in età ellenistica. Queste erano infatti qualcosa di estraneo, che non volevano inserirsi in Asia e molte città alessandrina fuori dell'Egitto decaddero anche presto e si spogliarono sempre più del loro carattere greco. L'Alessandria egizia poté conservarsi, perché si adattava a causa della sua collocazione geografica e perché la civiltà egizia era già troppo morta per difendersi dall'influsso ellenistico. In questo senso, Alessandria ricorda Bombay all'inizio del XIX secolo. Le altre città alessandrine vissero solo finché restarono città di presidi dell'esercito alessandrino o giocarono il ruolo di castelli nella strategia di questi eserciti, come le molte "Cesaree" dalla Lusitania e la Britannia sino all'Eufrate dell'Impero romano. Anche Budapest deve la sua nascita al fatto che fu considerata stazione militare dei turchi. Solo alcune di queste città fiorirono più a lungo come centri commerciali e sobborghi politici. Ma furono anche semplicemente oasi greche nel deserto orientale, come oggi i quartieri europei in Vicino ed Estremo Oriente, come Pera a Costantinopoli, Hong Kong, Shangai, Singapore ecc., come l'italiana San Giovanni d'Acri all'epoca delle crociate. Un parallelo tra le colonie militari e quello commerciali-politiche è del tutto inammissibile. Non è un'isola occidentale nel mare del "muzikismo" russo come lo intende Spengler. La città russa si è formata con lo sviluppo dell'economia popolare e la civiltà, ma soprattutto con la costellazione politica. Miljukov, nella storia della civiltà russa, si rifà all'influsso dello sviluppo politico sulla formazione delle città russe. L'apogeo del grande Impero esigeva anche lo sviluppo di un grande centro politico. Questo centro lo fu Mosca all'epoca degli zar, Pietroburgo all'epoca degli imperatori. Gli stranieri, soprattutto gli svedesi finnici e i tedeschi orientali, che si erano stabiliti a Pietroburgo come alti funzionari o commercianti, si sono rapidamente assimilati alla vita russa, come i cèchi a Vienna. Pietroburgo, la città meno russa tra quelle della Russia, è essenzialmente affatto russa.

Pietroburgo, la città del "mondo russo", è più russa di quanto lo siano le città caratteristiche del "mondo arabo" secondo Spengler (Alessandria e Costantinopoli), che sono greche, cioè bizantino-turche. In Alessandria ci fu una grande comunità ebraica sino alle persecuzioni dell'arcivescovo Cirillo. Nel I secolo d.C., agli albori della storia araba, un terzo della popolazioni alessandrina era giudaica. Gli ebrei di Alessandria crearono una civiltà ricca e multiforme, ma spiritualmente affatto giudaica o, come si sarebbe espresso Spengler, era magica. La culla del cristianesimo si trovava in Alessandria non meno che in Giudea. Non è un caso che la sacra famiglia sia fuggita in Egitto. Il filosofo della religione Filone non è meno annunciatore e profeta di Gesù che il battezzatore di Giovanni. Anche a Costantinopoli ci furono sempre colonie di stranieri. Sino a Giustiniano vi vivevano anche molti ebrei, dopo l'epoca iconoclasta una grande comunità armena e dall'epoca delle crociate ricomparvero le colonie europee. A Costantinopoli possiamo intenderci in ogni lingua europea, mentre a Pietroburgo dobbiamo parlare russo, se vogliamo farci capire. Pietroburgo è, nell'apogeo della Russia in età imperiale, non soltanto il centro politico, ma anche quello della vita spirituale. I poeti e gli scrittori russi sono nati a Mosca o nel castello del loro proprietario, ma vivono e creano a Pietroburgo (tra l'altro, Dostoevskij non è, come dice Spengler, nato a Pietroburgo, ma a Mosca). Vanno a Pietroburgo tutti gli scrittori russi, a partire da Puskin, il celebratore poetico di Pietro il Grande e della sua città, il Mozart della civiltà russa, il più occidentale ed epicureo nella civiltà russa, sino a Dostoevskij, il più orientale di tutti i poeti russi e i suoi allievi: Vladimir Soloviev, lo Schleiermacher della civiltà russa, Mareshkovskij, il pensatore religioso, il belletrista e critico S. Blok, che dava una vesta puskiniana ai suoi Lied colmi di profonda malinconia per i tatari e gli sciti. E, malgrado questa differenza, tutti decantano ed esaltano Pietroburgo. Il primo fra gli amanti di Pietroburgo è Puskin. In tutti i suoi poemi, in tutti i suoi scritti lirici e prosaici, si rivolge sempre a Pietroburgo e al suo fondatore. Pietro è per lui l'uomo per eccellenza, perché ha sconfitto la palude finnica e il rigido conservatorismo. Alcuni anni dopo la tragica morte di Puskin, del Goethe russo (pensiamo a un Goethe morto improvvisamente a 37 anni), apparvero i *Racconti di Nevski* di Gogol, dedicati alla strada principale di Pietroburgo. Uno di questi racconti, esemplificativo dell'arte di Gogol, tratta il destino del piccolo impiegato, l'autentico tipo pietroburghese. Sulle orme di Gogol si avventura il suo allievo Dostoevskij. Qui ci limitiamo ad alcuni esempi. Chi conosce anche solo in parte la storia della letteratura russa potrà accrescerla ulteriormente. Ci sono poche città che hanno occupato un ruolo così importante nella letteratura nazionale e nell'arte patriottica come Pietroburgo. Anche a Vienna, Monaco, Weimar e Atene vissero i portatori della civiltà nazionale, ma tali città non assunsero mai nella creazione letteraria e artistica la posizione di Pietroburgo per i russi. Solo Parigi e l'antica Roma sono paragonabili a Pietroburgo. Se pensiamo quindi di poter cancellare Pietroburgo dalla storia russa, come pensa esattamente Spengler, questo significa cancellare dalla storia politica l'età imperiale e da quella culturale l'età dello splendore. Perché Pietroburgo fu in ogni epoca una parte organica della Russia, cioè che non possiamo dire di Alessandria e Antiochia per il mondo arabo. Pietroburgo è un fenomeno nazionale russo come Atene, ma Alessandria *non* è un fenomeno greco. Ci sono tuttavia scrittori russi che si rapportano negativamente con Pietroburgo, ma nessuno di loro si riferisce allo stesso modo a essa. Turgenev odia Pietroburgo, la tenuta più aristocratica di Russia e il salone letterario di Parigi. A lui non piace la "finestra sull'Europa", non gli piace lo scambio del Cremlino, la città di Mosca per la linda prigione, la fortezza di Pietro e Paolo, il simbolo del regime zarista. Tolstoi odia Pietroburgo, come ogni città. Ma si tratta dell'odio del moscovita per la città che ha messo in ombra Mosca. È un antagonismo che domina tra Berlino e Monaco, ma Berlino non cessa di essere una città tedesca, come Spengler vuole sapere per Pietroburgo. Spengler è responsabile di un'esagerazione quando paragona l'odio degli slavofili per Pietroburgo con quello degli ebrei contro Roma e Antiochia dopo la distruzione di Gerusalemme. L'analogia non va affatto bene. Da Roma giunsero le legioni che distrussero la Gerusalemme cara al redattore dell'Apocalisse. Antiochia fu il centro del movimento pogromista contro gli ebrei, che risiedevano nelle colonie greche di Palestina, come a Cesarea, Filadelfia ecc. L'odio di Akakov, uno degli ideologi dello slavofilismo, per Pietroburgo è l'odio dell'abitante del villaggio per le città. Questo è l'odio dei profeti, degli esseni, di Gesù per Gerusalemme, che era per loro una nuova Babele. È l'odio di Heine per Berlino, la capitale prussiana, l'odio istintivo dei tedeschi dell'Elba per Berlino, dei tirolesi per Vienna.

Capitolo 5. Tolstoj e Dostoevskij

Secondo Spengler, esiste solo un cristianesimo e il suo moderno rappresentante e profeta è Dostoevskij. Spengler vede anche in Dostoevskij il tipico rappresentante del mondo russo e lo ritiene il Maometto di Russia. Per lui egli è l'espressione più vera dell'anima russa, come Goethe lo fu per i tedeschi e in generale per gli europei occidentali. Ma non è un pensatore obiettivo, che lamenta il fatto che il cristianesimo sia incessantemente mutato nel corso dei secoli e abbia assunto forme differenti. E questo non solo nel corso del suo cammino di sviluppo storico. Già agli inizi, già sotto il giovane Gesù c'era divergenza d'opinione sull'essenza del cristianesimo. Come Paolo fu l'apostolo dei pagani, il revisionista del cristianesimo, come Bernstein del socialismo, così Giacobbe fu il fratello del Redentore, il pre-combattente ortodosso per il mantenimento della tradizione ebraica nel cristianesimo e si entusiasmò per questo non meno che i farisei o gli esseni. Se quindi non accettiamo la prima tesi spengleriana, cioè che il cristianesimo fu qualcosa di unitario e immobile, allora anche la seconda affermazione che Dostoevskij fu l'unico vero pensatore cristiano della nuova Russia merita una revisione. Infatti, ce ne furono tre: Dostoevskij, Tolstoi e Solovev. Dostoevskij e i suoi discepoli Bulgakov e Berdjaev, che furono gli ultimi seguaci del marxismo, furono entusiasti e zelanti sostenitori della chiesa ortodossa. Dostoevskij odiava il cattolicesimo molto più del socialismo. Per lui non era causale che la Francia cattolica fosse la culla del socialismo. Intendeva affermare che il socialismo fosse il moderno cattolicesimo. Come esempio utilizzava le tendenze democratiche e filolaburiste del Papa Leone XIII. Queste opinioni non le espresse solo nel suo "Diario di uno scrittore", nella parte giornalistica della sua attività creativa, ma anche nel grande romanzo "I fratelli Karamazov". In questa creazione assai significativa della letteratura russa, egli affronta l'apoteosi della chiesa ortodossa nella figura dell'eremita Zassyma e contemporaneamente affronta una critica aspra al cattolicesimo nel capitolo intitolato "Il grande inquisitore". Tra l'altro, questa sezione è la parte del saggio più geniale dal punto di vista della filosofia della storia. Un'altra questione è se la chiesa ortodossa, come la vedeva Dostoevskij ed era personificata nell'eremita Zassyma, fosse l'ortodossia di Bisanzio e di Mosca, se fosse l'ortodossia dei patriarchi di Costantinopoli o del Sinodo di Pietroburgo. Tanto meno qui vogliamo esaminare se l'immagine che Dostoevskij ci abbozza nel "Grande Inquisitore" del cattolicesimo, concordi con la realtà, se non sia considerabile troppo unilaterale e troppo meschina. Dostoevskij considera semplicemente l'Inquisitore e omette una figura come Francesco d'Assisi. Dostoevskij considera il cattolicesimo come il cristianesimo compromesso, che si aggiornava e tendeva ad adattare le richieste dell'epoca. Ma misconosceva che anche la chiesa ortodossa doveva sopportare questo tragico sviluppo, i cui fenomeni possiamo osservare oggi nel socialismo. Questo non riguarda soltanto il corso moderato dei socialisti inglesi, belgi e tedeschi, ma anche il bolscevismo di un Lenin, che li sacrificò per poter conservare il dominio delle visioni rivoluzionarie estreme. Mentre così Dostoevskij sottopone la chiesa cattolica occidentale, il cattolicesimo, a una critica spietata, il grande lirico russo Tjuchev, che nella sua evoluzione intellettuale sui problemi sociali è molto vicino a Dostoevskij, ha fatto lo stesso con la seconda visione del mondo cristiana, il protestantesimo.

Tjuchev considera il luteranesimo senz'altro una decadenza della religiosità. Dostoevskij e il suo spiritualmente simile Tjuchev negano quindi il cristianesimo storico dell'Occidente e riconoscono qualcosa solo per la chiesa orientale. Come poeti, espressero queste loro visioni in forma belletristica. Ma Solovev, il filosofo e quasi l'unico filosofo originale della Russia, rappresenta un cristianesimo essenzialmente diverso. Come quelli, anch'egli odia il settarismo. Come filosofo e traduttore di Platone, egli venera l'Occidente e l'antichità. Perciò approva il cristianesimo storico in tutte le sue forme e correnti. Nel suo noto dialogo "Le tre lingue", in cui giudica negativamente il cristianesimo settario di Tolstoi, egli solleva la domanda di un'unione di tutte le chiese cristiane. Inoltre, gli pensa all'unificazione del cristianesimo con l'ebraismo. Dostoevskij e Solovev erano cristiani di chiesa, seguaci del cristianesimo, come si era sviluppato nel corso dei secoli, per cui la Bibbia era solo l'inizio, niente di più. La prospettiva di Tolstoi sul cristianesimo era quella di un settario pensante; egli negava la chiesa e il cristianesimo storico, nega, eccetto alcune eccezioni come Pascal e Peter Chelcicki, il cèco, tutta la letteratura cristiana, non solo degli ultimi secoli, ma già gli scritti patristici. Li considera come ammassi di macerie che seppelliscono i vangeli e ne bloccano l'accesso. Sono degne di nota solo alcune massime di Giovanni Crisostomo e di Agostino, così da accoglierli nel suo "Krug Tschtenia". Ma accettando con Mereschkowski e Spengler che Tolstoi non sia un cristiano, significa non riconoscere il cristianesimo di Calvino, Knox, dei puritani, delle sette inglesi del XVII e XVIII secolo, come dei quaccheri, degli eretici francesi del XVII secoli, dei giansenisti e degli ugonotti e delle sette contadine razionaliste russe del XIX secolo. Questo può essere il punto di vista della chiesa, ma non di un pensatore obiettivo. Il cristianesimo di Tolstoi, come quello di tutte le sette non riconosciute dalla chiesa, era un cristianesimo pratico. Richiedeva il miglioramento della condizione di vita del singolo e vi si trovano pensieri socialisti, anarchismo e negazione della civiltà cittadina. Ma questo non vuol ancor dire che egli fosse più vicino a Marx del cristianesimo, come sostiene Spengler. Negli anni Ottanta, dopo la repressione della rivolta nichilista, molti appartenenti all'intellighenzia russa si stabilirono in campagna e divennero agricoltori, perché dubitarono del valore delle rivoluzioni. In questo si mostra inconfondibilmente l'influsso delle idee tolstoiane. Perché lui era altrettanto nemico della rivoluzione come del potere sovrano e della chiesa. Tolstoi era ancora più orientale di Dostoevskij, onorava l'oriente per la sua passività e serenità e avvicinava Buddha a Cristo. Tolstoi nutriva antipatia per le riforme europee in Oriente. Non voleva annoverare il Giappone tra i popoli asiatici. Amava la Cina e l'India, perché qui l'influsso occidentale non fu mai grande e perché questi paesi avevano generalmente un modo di vita agreste. Quelle simpatie che gli attuali occidentali e specialmente i tedeschi nutrono per l'Oriente (si pensi all'antroposofia e a correnti simili), le troviamo in Tolstoi già prima dei 20 e 30 anni. Spengler, che cerca di ricondurre tutti i fenomeni civilizzatori al suo schema, vede in Dostoevskij l'espressione più giusta dell'anima russa. Ma, di fatto, Dostoevskij era un cittadino non soltanto nel suo modo di vita individuale, ma anche in tutte le sue creazioni e tipi. Mereschkowski, nel suo noto libro "Dostoevskij e Tolstoi", mostrava molti momenti in cui l'opposizione dostoevskiana non corrisponde a quella agreste tolstoiana. Dostoevskij non conosceva affatto il contadino. Anche se appare spesso nelle sue opere, egli è o nella "karerka" (prigione) o soldato. Di contro, Tolstoi non sapeva nulla della gente di città. Gli eroi dostoevskiani sono o della città governativa o di Pietroburgo. Qui vediamo la contraddizione nelle parole spengleriane: da una parte, a suo giudizio la città è un corpo estraneo nella vita popolare russa, dall'altra ritiene Dostoevskij il più cittadino di tutti gli scrittori, l'unica vera espressione dell'anima popolare russa. Dostoevskij fu il cantore di Pietroburgo, la città non russa, secondo Spengler, come per Dickens Londra e per Balzac e Zola Parigi. Ma Tolstoi viveva nella sua proprietà di Jasnaja Poljana e raramente la porta con sé per andare a Mosca, ma odiava Pietroburgo e vi visse soltanto durante gli studi. Tolstoi, l'unico scrittore russo che si era così intimamente fiducioso nella vita agreste, dato che, come nessun altro, sapeva descrivere il contadino e il suo cavallo e anche il suo terreno arato, Tolstoi è per Spengler l'aristocratico che fugge in solitudine e sulla terra disgustato dalla vita cittadina. Tolstoi è un patriarca, sia nel suo modo di vita, sia nella sua attività creativa, ma Dostoevskij è un bohèmien, che trascorre i suoi giorni e le sue notti nel cafè letterario e nella redazione. Dostoevskij ha la nervosità e l'isteria del tipico cittadino. Oggi Tostoi non è popolare né in Russia, né in Europa, non è più di moda. E questo induce Spengler a sostenere che Tolstoi non fosse essenzialmente russo. Ma nel modo ricorda il superamento del tolstoismo solo l'impopolarità di Rousseau nell'epoca imperiale e della Restaurazione. Tolstoi esige cambiamenti, come Rousseau e Ibsen e noi che siamo sorvolati su così tanti eventi storici, e siamo stanchi di queste richieste, aspiriamo alla quiete.

Una reazione psichica ha scosso l'uomo russo e tedesco e questa è uno dei motivi dell'impopolarità di Tolstoi. Un ulteriore motivo è questo: Tolstoi è, come Turgenev e Puskin, il cantore del giorno, loro compiono la civiltà russa con la luce del sole, col cielo blu e la salute, come un tempio greco e un dipinto del Rinascimento, persino il pessimismo dei tragici russi come quello di un Michelangelo e le tragedie greche sono chiare e sane. Ma questo non succede a noi. Noi viviamo in un'epoca sconvolta e tempestata da nuovi eventi storici, noi siamo insicuri, nervosi, malati, oscuri, preferiamo gli scrittori oscuri e dionisiaci, Gogol, Dostoevskij, Block ai citati autori luminosi.

Non possiamo esattamente stabilire chi abbia mostrato meglio l'essenza russa, se Tolstoi o Dostoevskij, possiamo confrontarli come è stato fatto prima per Gogol e Puskin. Chi è più tedesco, Goethe o Schiller? Anche qui dobbiamo riferirci soddisfatti alla massima di Goethe: Rallegriamoci che ci siano due persone di questo tipo. Goethe è l'espressione di ciò che esiste sempre nell'essenza tedesca, come Schiller quello dell'idealismo tedesco, che è caratteristico della Germania al volgere del XVIII secolo, come Bismarck e Bebel sono i rappresentanti del realismo tedesco alla fine del XIX secolo e come Nietzsche dà forme ed espressione alla nervosità di quell'epoca.

Chi è più significativo per la civiltà rinascimentale? Leonardo o Michelangelo? Per la filosofia tedesca: Kant o Hegel? Per lo spirito dell'ebraismo: i talmudisti dal codice sacerdotale nella redazione di Ezra sino ai rabbini di oggi o lo spirito della profezia, come si è sviluppato da Isaia a Cristo sino a Bialik, il poeta ebraico di oggi? Possiamo rispondere assai poco a queste domande, perché non lo sono, così come poco possiamo decidere tra Dostoevskij e Tolstoi, chi dei due sia più caratteristico per l'essenza russa.

Insieme a Bakunin e Krapotkin, Tolstoi è il creatore dell'anarchismo moderno. Il rifiuto di ogni forma di dominio ha trovato il suo patrocinatore proprio in Russia. Anche qui vediamo la genuina russità di Tolstoi, che è cresciuto sul suolo russo. Perché l'anarchismo è una pianta russa primigenia. L'anarchismo di Tolstoi dimostra che lui non è solo figlio della sua epoca, ma anche del suo popolo, che era alla soglia della grande Rivoluzione. Fu sempre così, dato che generalmente, prima delle grandi Rivoluzioni, erano percettibili le correnti anarchiche. La società impara il valore del governo e del suo dominio dall'esperienza rivoluzionaria. In Giuda, prima della caduta di Gerusalemme, dominavano gli esseni, il cristianesimo del discorso della montagna e i sicari. In Germania c'erano negli anni Quaranta Max Stirner, il giovane Marx. Rousseau, con il suo anelito al ritorno alla natura e all'ordine sociale selvaggio, col suo ideale di stato grande come la polis greca e il cantone svizzero, con la sua proroga del grande-stato favorevole allo sviluppo del dispotismo, è di fatto un anarchico. Se aggiungiamo anche lo spirito anarchico che dominava i puritani estremi prima della Rivoluzione cromwelliana, delle confraternite morave prima della Guerra dei Trent'anni, il movimento anabattista in Germania all'epoca della Riforma, allora comprenderemo che l'anarchismo di Tolstoi è un prodotto dello sviluppo organico della russità e che non fu influenzato da idee introdotte dall'Occidente. Qualsiasi lato di Tolstoi prendiamo in considerazione, l'artista, il pensatore religioso, il critico delle condizioni sociali e politiche, dobbiamo comprendere che Tolstoi era un russo completo per proprio completa essenza, contrariamente al valore conferitogli da Spengler.

La Rinascita religiosa che è così caratteristica della Russia alle soglie della Rivoluzione e i cui portavoci furono Tolstoi e Dostoevskij, e i loro scolari Bulgakov e Berdjaev, Vladimir Solovev e Mereschkowskij − non riguarda solo la Russia. Al livello evolutivo in cui si trovava la Russia, appare in modo del tutto parallelo in Occidente a un livello corrispondente in altri popoli. Non vogliamo qui accennare a molti nomi, basti ricordarsi di

Dante e Savonarola in Italia, Pascal e Bossuet in Francia, Milton in Inghilterra. Questi pensatori religiosi occidentali non erano in ogni caso più modesti nel loro significato di quelle figure religiose russe del XIX secolo, anche se il loro influsso nella loro epoca e ambiente non fu più grande e operativo di quello sulla società russa. Così Savonaravola fu il capo del movimento antimediceo nella Firenze rinascimentale, Milton il sostenitore teorico delle idee puritane, che pose per la prima volta al mondo Cromwell. Pascal fu il sostenitore delle correnti religiose, che sintetizzavano la Riforma e il cattolicesimo. Bossuet incarnò lo spirito del cattolicesimo ufficiale, strumento della potenza universale assoluta. Ne deriva quanto grande fosse lo spirito magico in questi paesi e quale influsso esso esercitasse nelle società della loro epoca. Vogliamo soltanto aggiungere che in Europa ci fu un movimento religioso significativo come la Riforma. E la storia della Riforma non conosce un'istituzione più grande e migliore della Chiesa cattolica. Fu un'organizzazione occidentale per eccellenza. Ma – secondo Spengler – l'influsso del mondo magico russo cala nel suo ambiente sino a perdere completamente di significato. Le idee religiose dei pensatori russi agiscono soprattutto nelle cerchie dell'intellighenzia, dei dotti razionalistici, ma non ebbero alcun influsso sull'ordine sociale, perché non penetrarono in ampi settori del popolo. Solovev fu più popolare e noto come filosofo che come pensatore religioso. Mereschkowskij fu più profondo e operativo come critico che come creatore religioso. Il tipo di un Mitja Karamazov prende il lettore meglio della figura dello Staretz Zosima, ascetico e vecchio. E la parte intellettuale dei fratelli Karamazov, il grande inquisitore, non è solo un'ardente protesta contro l'istituzione della Chiesa cattolica, ma contro l'istituzione religiosa, inadatta alla vita quotidiana, che perde lentamente il suo contenuto religioso e si impoverisce spiritualmente. Le idee religiose di Tolstoi non esercitarono alcun effetto sulle sfere dell'intellighenzia, che erano attraversate dalle idee rivoluzionarie occidentali, ma non da idee religiose. Il movimento settario, il movimento razionalistico dei contadini non ebbe alcun rapporto effettivo con Tolstoi, ma esercitò più influenza su di lui che viceversa. Vogliamo ricordarci dell'effetto e dell'influsso di Sataev, Bondarov e dei "Doukhobors". Vogliamo ancora aggiungere che l'ortodossia russa non ebbe meno voce sia nelle sue idee e nella sua potenza organizzativa, sia nel suo influsso sulla società, rispetto al cattolicesimo in Europa occidentale. Riassumendo, possiamo dire che le rivelazioni e gli effetti delle comunità religiose e delle correnti in Russia furono molto più angusti e quasi insignificanti rispetto alle figure e agli effetti delle istituzioni religiose occidentali sull'Occidente.

Vediamo che la Russia ha prodotto profondi pensatori religiosi prima della Rivoluzione, ma erano soli e isolati e potevano contare su pochi discepoli. Questi fenomeni dei pensatori religiosi ricordano i "kurhani" e le colline che si ergevano sulle steppe oltre le tombe degli antichi sciti. Ma queste colline non potevano eliminare l'impressione generale dell'ampia steppa. Come un cavaliere che attraversa per la prima volta la steppa, osserva la collina solo mentre si perde l'immagine della steppa davanti al suo sguardo, così succede anche Spengler, che oltre la collina perde l'enorme steppa. Egli vede Tolstoi e Dostoevskij, questi "kurhani" solitari della steppa, se si volesse seppellire in loro; avrebbe riportato alla luce gli antichi tesori degli sciti. Ma questa collina, come Tolstoi e Dostoevskij vi erano isolati e l'intellighenzia russa non fu influenzata dalle idee religiose, ma delle idee su cui l'Occidente ha impresso lo stigma dell'ateismo, del positivismo e del socialismo. Negli avvenimenti e nelle forme attuali, anche la parte del mondo ortodosso e dell'essenza settaria era piccolo e passivo. E qui vogliamo confrontare questa chiesa ortodossa con l'immenso influsso del cattolicesimo durante la Rivoluzione francese, per renderci veramente conto della sua piccolezza. Gli avversari del bolscevismo, armati di idee universali dell'Occidente, delle idee di liberalismo, nazionalismo e di socialismo moderato, formulano motivi economici e storici, ma non formulano alcun motivo religioso. Se per questo vogliamo giudicare ciò che abbiamo visto e osservato, è difficile concordare con la visione spengleriana, secondo cui "il prossimo secolo appartiene al cristianesimo di Dostoevskij". Senza dubbio incombono, insieme alla Rivoluzione russa, cambiamenti nel percorso intellettuale e nell'immagine emotiva del popolo russo. Ma, in ogni caso, è impossibile sostenere che il marxismo sia scomparso dal programma per merito del cristianesimo. Dopo la Rivoluzione francese, le idee di Voltaire e Rousseau, di Diderot e di Hélvetius slittarono sotto la pressione del mondo intellettuale dei reazionari Chateaubriand, de Maistre e Bonald. Il pensiero russo dopo la Rivoluzione starà sempre più sotto l'influsso di un Michailovskij, l'allievo di Spencer, e non dei marxisti Kautsky e Plechanov. Ma se questo pensiero sarà una risveglio del cristianesimo, è difficile dirlo. In Russia il sentimento religioso non si è mai sviluppato in profondità nel popolo. Questo lo comprese già negli anni Quaranta il critico russo Belinskij – nella sua lettera a Gogol – il cui significato e valore per la letteratura russa è paragonabile a quello di Lessing in quella tedesca. Che dopo la Rivoluzione rinascerà la religiosità dostoevskiana, come afferma Spengler, vogliamo avvicinarci a un'altra posizione. In ogni caso, il rifugio della reazione, che seguirà alla Rivoluzione bolscevica, non significa la rianimazione del cristianesimo, che ha trovato la sua lingua in Dostoevskij – come afferma senza riguardo Spengler.

Lo sviluppo russo raggiunse il suo punto culminante nei fenomeni di Dostoevskij e Tolstoi. Ma come la geografia fisica di un paese non può essere misurata secondo le cime delle sue montagne più alte, così anche lo spirito vivificato da queste due grandi figure non rappresenta i confini dell'essenza russa. Le idee agiscono sul destino dei popoli, "in principio era il verbo" e non le circostanze o le condizioni esteriori. Già nei patriarchi Abramo e Giacobbe vedemmo i tipici ebrei. Cento generazioni furono educate sulla Bibbia e i tratti dei suoi eroi si impressero in profondità sui cuori dei discendenti. Molte generazioni greche si nutrirono da Omero e così non vennero più incontro le figure di Achille, Odisseo e Nestore nell'Atene periclea e socratica. Ma il destino delle idee non è meno capriccioso di quello dei popoli e degli uomini. Non sempre le idee più profonde agiscono sulla società. Sin quasi a oggi l'ebraismo ricevette più nutrimento dal Talmud che dagli scritti dei profeti, dell'Ecclesiaste o dai cantici più elevati, e volse le spalle al vangelo, una delle creazioni più importanti dello spirito ebraico. I popoli dell'Asia minore accettarono in senso culturale la religione più povera, l'Islam. Nel Corano le idee elevate sono così rare come le oasi in Arabia. E questa religione povera e misera divenne anche quella dell'Asia minore e dell'Africa e non le affermazioni di fede profonda del dualismo, del nestorianesimo e dello gnosticismo. In Cina si radicò il confucianesimo, questa visione del mondo di un uomo medio e non le idee profonde di un Lao Tse, che commuove e muove così tanto l'Europa di oggi. Nel Cristianesimo sparì del tutto l'arianesimo e in Oriente visse l'ortodossia, che si adattava a tutta la tradizione esteriore dei sacerdoti egiziani. E in

Occidente il cattolicesimo, che, secondo la visione di moderni studiosi come Renan e Zielinskij, era l'erede del culto di Giove. In India il Buddismo non piantò il suo bocciolo e da ultimo in Germania Goethe rimase vivo solo nell'angusta cerchia dei bibliofili e il tentativo di Steiner di trasformare le visioni goethiane in una visione del mondo è soltanto artistico come quello di importare il buddismo e il mondo di Lao Tse nello spirito europeo. Mentre divennero popolari le teorie razziali di Gobineau e Chamberlain, così come quelle di Marx. E così accade anche il Russia. Dostoevskij, lo scrittore, vive nelle anguste sfere del mondo dei lettori, ma Dostoevskij, quello religioso, come espressione dello spirito magico, ha un influsso minimo e quasi inesistente. I tesori culturali agiscono sulla società soltanto se si diffondono e crescono in profondità. Perché le idee che agiscono in profondità restano chiuse solo nell'angusta cerchia dell'intellighenzia aristocratica. Le idee che si diffondono devono scendere nella moltitudine. Dovettero corrispondere alla moltitudine, indipendentemente dal fatto che siano studenti o lavoratori. Le idee di Nietzsche sono note nei ceti superiori, ma non attecchirono nelle ampie cerchie popolari. Questo vale per la Germania razionalistica e dotta, e in misura maggiore per la Russia, dove il numero di analfabeti è decisamente superiore. Dostoevskij è oggetto del singolo colto, ma potrà intervenire nel destino del popolo così poco come riuscì a Platone e a Kant. Nel Medioevo soltanto piccole parti del mondo culturale erano influenzate da Aristotele, ma queste esercitarono l'effetto decisivo sulla vita e sull'attività medievali. Le crociate, il conflitto tra Papa e Imperatore, tra Papa e Concilio, tra Imperatori e Feudatari, tra Feudatari e città, tra Ordini e monasteri, tutti questi fenomeni nella storia medievale erano originariamente annodati alla fede, ma non si espressero a causa dell'insegnamento aristotelico. La discussione tra i nominalisti e i realisti non aveva origine nell'insegnamento dei professori scolastici. Nell'età della Riforma si ignorò la voce di Erasmo, si orecchiò quella di Lutero. Nel mondo francese non si diffusero le idee pascaliane, ma ebbe risonanza il pensiero di Calvino.

Di Spengler è caratteristico che assuma un fenomeno e lo trasmetta nella società. Non è molto schematico. Per lui Goethe rappresenta l'aspetto più caratteristico di tutto il mondo tedesco. Come Rembrandt lo è per Simmel, così la figura di Goethe per Spengler. E questo vale anche per la Russia. A suo avviso, la Russia riceve forma che gli ha impresso Dostoevskij. Per lui Dostoevskij rappresenta la formula risolutoria del mondo russo. Se in Nietzsche alla fine del XIX secolo il mondo greco si concentrava in due poli la forma apollinea e quella dionisiaca, in Spengler, figlio del XX secolo, il mondo non si concentra in nessun polo, ma forma un cerchio concentrato su un punto, e questo punto, intorno a cui si muovono tutte le rivelazioni dello spirito greco come su una periferia è quello apollineo. Questo Mommsen, questo schematismo astratto, questa matematizzazione della storia agisce soprattutto in modo strano se si rivolge questo metodo anche alla Russia nell'epoca in cui essa è confusa da uno sviluppo così rapido, di modo che è difficile dire qualcosa sulle sue forme future, che si trovano ancora in uno stato larvale. Quand'anche si sia poco al corrente degli scritti e biografie di Tolstoi e Dostoevskij, non si potrà concordare con la visione di Spengler, dato che esprime il principio essenziale attraverso Dostoevskij, mentre Tolstoi è un uomo della "società cittadina". In realtà, Tolstoi parla abbastanza dell'alta società nelle sue opere principali "Guerra e pace" e "Anna Karenina", ma questa società non è quella della grande città. Non è l'alta società di Balzac, di Anatole France, cioè la società della grande città. Il possidente di Tolstoi trascorre larga parte della sua vita nei suoi possedimenti o a Mosca, città di cui Knut Hamsun ha giustamente osservato che non è una città, ma un villaggio gigantesco come, per esempio, Pechino. Secondo Spengler, questo significherebbe che il grande proprietario russo che parla bene francese sia soltanto un minuscolo frammento estraneo della società russa, ma effettivamente un "dvorayanin" (grande possidente) russo non è meno russo nel suo modo di essere di quanto sia prussiano uno Junker prussiano orientale. In Russia la vita di villaggio occupa un posto di primo piano. E Tolstoi era lo scrittore, il cui tema rappresentava la vita di villaggio in tutta la sua ampiezza: descrive sia i contadini, sia i grandi possidenti. Ne abbiamo già parlato. In tutte le opere di Dostoevskij non c'è una sola immagine di paesaggio, e lo scrittore Veresnaev osserva anche che le descrizioni naturali di Dostoevskij sono artistiche e quasi come prese dal romanzo boulevardien. Sebbene dalle visioni spengleriane, che segue le tracce di Renan (con la differenza che egli indica col termine magico ciò che Renan indicava come semitico), dato che Dostoevskij, che rivela ed esprime l'anima magica, non potesse avere alcun talento e alcun senso per le descrizioni naturali. Qui bisogna semplicemente ricordarsi che lo scrittore russo Gogol, precursore di Dostoevskij, si distingueva proprio per le sue descrizioni naturali. E questo proprio nell'opera "Anime morte", dove si esprime forse al meglio l'anima magica. Non è forse superfluo aggiungere che anche nella Bibbia si presentano non di rado descrizioni naturali.

Abbiamo visto che il pensiero religioso non si era sviluppato in Occidente meno di quanto accadde in Russia. Ma le atmosfere dostoevskiane non erano più deboli in Occidente di quanto accadeva in Russia. Se nella forma esteriore delle sue creazioni Dostoevskij ricorda il romanzo del XIX secolo, si avvicina molto a Dickens, Thackeray, Walter Scott, Balzac, Victor Hugo, ecc. Ma nel suo spirito Dostoevskij ricorda l'elemento magico in molto al punto culminante della civiltà apollinea e faustiana. Shakespeare e Dante sono più dostoevskiani di Dostoevskij. Come lui fanno luce sugli angoli oscuri dell'anima umana. Se in Dostoevskij, figlio del XIX secolo, il "potpolie" sono nelle streghe, nella sera d'autunno, per Dante è l'inferno. Anche nei francesi, nelle opere di Rabelais, negli inglesi con Swift, nelle loro caricature, con cui distorcono la società umana, rievocano assai Gogol, il cui influsso su Dostoevskij fu molto importante. Vediamo il Dostoevskij del Vangelo nell'artista tedesco Gruenewald e in Michelangelo è rappresentato il modello del Dostoevskij veterotestamentario. Nel Rinascimento osserviamo chiaramente due artisti del genere dostoevskiano: Botticelli e il Greco. E perfino in Grecia non si trova nelle opere di Prassitele, questo Michelangelo dell'epoca periclea, molto del fenomeno dostoevskiano? E, infine, i tragici greci con il loro pessimismo e fatalismo del destino umano. Lo spirito dionisiaco, che si radicò profondamente nel mondo greco, non meno, forse, quello apollineo, è proprio lo spirito dostoevskiano, che riuscì a esprimersi nella civiltà greca.

Come la visione del mondo dostoevskiana è caratterizzata dallo storicismo, cioè da un rapporto positivo con le basi sociali, sui cui si fondava. Dostoevskij ama la storia russa. Egli è un fenomeno culturale che si basa sulla conoscenza del passato nazionale. Dostoevskij non é né un uomo primigenio, né un "contadino", che Spengler raffigura come uomini che mancano di senso storico. Dostoevskij è un uomo di città con sentimento per la società e la storia. Tolstoi è un "contadino". Tolstoi odia la storia, i fatti e gli avvenimenti storici, gli eroi storici. Il rapporto dostoevskiano con gli eroi storici ricorda quello di Thomas Carlyle. Quest'ammirazione, che T. Carlyle tributa all'eroe della storia inglese Cromwell, Dostoevskij la esercita nel suo rapporto con Pietro il Grande, l'eroe della storia russa. L'odio tolstoiano per gli eroi e gli avvenimenti della storia non è l'odio di un uomo di cultura delicata e sensibile,che è stanco della società, come per esempio Tacito, Taine e Fustel de Coulange, ma è l'odio del "contadino" contro ogni sviluppo sociale.

Oggi rammentiamo nella storia russa gli stati d'animo dostoevskiani. Gli scrittori russi si sforzano nelle loro opere di dare il tocco del genere dostoevskiano. Il lettore occidentale può osservare l'influsso di Dostoevskij sullo scrittore contemporaneo Block nel poema "I dodici". Gli stati d'animo spirituali di Dostoevskij trapassano nella cerchia degli scrittori, che hanno un rapporto positivo con le forme estreme che accettano la Rivoluzione russa. Ma nella vita sociale russa l'influsso delle idee dostoevskiane è osservabile solo in dimensioni molto ristrette. La lotta tra i bolscevichi e i loro avversari è, ideologicamente parlando, una disputa delle idee occidentali. La chiesa ortodossa e il settarismo contadino, cioè il cristianesimo russo dominante, su cui Dostoevskij si sofferma molto nei suoi scritti, resta passivo nella terribile tragedia della Rivoluzione russa. Invece lottarono le idee internazionali originarie dell'Europa, quelle nazionali, anch'esse originarie dell'Europa. Il sentimento nazionale, un sentimento essenzialmente europeo, investì tutti i ceti e le classi della società russa. Anche Dostoevskij predica il nazionalismo, ma non era l'uomo primigenio o il "contadino", ma l'allievo fedele di Fichte ed Hegel. Per bocca di Satov, uno degli eroi dei "Demoni", Dostoevskij esponeva le sue idee nazionali, proprio il Satov che ritornò dall'Occidente...

Lo spirito anarchico, che era profondamente e fortemente presente nei russi, oggi è quasi svanito. Gli eventi degli ultimi dieci anni insegnarono ai russi ad assumere una posizione positiva verso il potere statale. Questo rapporto positivo verso l'amministrazione statale Dostoevskij non lo imparò dai contadini russi.

Capitolo 6. Un sesto della terra ferma

Spengler e altri potevano essere indotti a pensare che la Russia rappresenti una parte unica, un mondo in sé chiuso e non una parte del gruppo di popoli europei, proprio a causa della dimensione della Russia. Oggi si sopravvaluta soprattutto il valore quantitativo. Così, per esempio, l'ultima guerra, secondo tutti, è stata la più grande guerra della storia e questo perché vi presero parte milioni di soldati, ecc. In realtà, questa guerra non è più importante e significativa nella storia di quelle napoleoniche. Perché il valore di un fenomeno politico e culturale deve essere misurato su scala qualitativa e non quantitativa. L'Inghilterra all'epoca di Elisabetta o di Cromwell era per popolazione e beni più povera e misera dell'Inghilterra in epoca vittoriana. Ma quale delle due occupa il posto più importante nello sviluppo storico e culturale? Paragoniamo l'Italia del Rinascimento con quella di oggi. L'Italia di oggi è ricca di popolazione, la ricchezza nazionale è maggiore, ma quant'è povera questa Italia rispetto a quella rinascimentale... La Firenze medicea e l'Atene periclea ricordano per numero di popolazione una città medio-grossa d'Europa. Il tesoro dèlico era sicuramente più misero di una normale banca europea. La Cina, con i suoi quattro milioni di abitanti, il suo valore politico e culturale è oggi certo meno grande rispetto al valore di una Lituania o Albania. La ricca America è in senso culturale uno zero e il suo significato politico internazionale è molto modesto. Torniamo alla Russia. La Russia è molto popolosa e ha una superficie ampia, ma questo non le dà alcun motivo per essere considerata un mondo circoscritto, come l'Europa, il mondo degli antichi, l'antico Oriente, il mondo maomettano, la Russia può essere paragonata alla Francia, alla Germania, a Bisanzio all'Egitto ecc.

Capitolo 7. La Rivoluzione e le sue conseguenze

Nella Rivoluzione russa vinsero le idee occidentali sulle cosiddette idee slavofile. Come abbiamo già osservato, la guerra civile fu essenzialmente una lotta di idee originarie dall'Occidente. Nel campo dei pronunciati occidentali, che lottarono contro i bolscevichi, i nazionali, cioè i social-rivoluzionari, per ideologia, erano più originariamente russi dei bolscevichi marxisti. Spengler, che conosce la Russia solo dai libri – e non da tutti –, ottiene la sua visione sulla Rivoluzione russa da "I dodici" di Block e dalla sua poesia "Gli sciti". Queste opere, a dire il vero, erano genuinamente russe come le concepisce Spengler. Con gli "Sciti" spira il soffio dell'Apocalisse. Tutte le parole con cui i vecchi profeti si infuriano contro la prostituta Babele, risuonano anche nelle massime degli apostoli di Gesù contro Gerusalemme, e con lo stesso tono il poeta Block si rivolge contro l'Europa. I "dodici" di Block è la marsigliese della Rivoluzione russa, una marsigliese, non una canzone, ma una declamazione fiammeggiante. Se Spengler illustra il suo giudizio sulla Rivoluzione russa secondo quest'opera di Block, allora le sue visioni sull'essenza russa non possono essere assolutamente vere. Queste due poesie, i cosiddetti social-rivoluzionari di sinistra, il cui spirito viene espresso da Block, ebbero solo un'influenza minimale sugli avvenimenti dell'epoca rivoluzionaria. Tutto il bolscevismo pappa dal seno dell'Occidente. Lenin impara in Occidente non solo la dottrina marxista, ma anche la vita privata di Marx. Lenin si rapporta a Marx come una copia all'originale. E Marx stesso rappresenta la sintesi dello spirito occidentale. Originariamente un ebreo occidentale, egli era culturalmente tedesco, francese e inglese. Quest'uomo assolutamente europeo divenne il simbolo, il tratto del vessillo rivoluzionario russo. Nella guerra civile russa, i bolscevichi, i meno magici, vinsero sugli avversari, i socialisti, più magici. I bolscevichi si appoggiavano al popolo cittadino e sopratutto ai lavori di Pietroburgo e ai marinai della flotta di Kronstadt. Pietroburgo e Kronstadt, entrambi fenomeni occidentali in Russia, furono entrambe fondate da Pietro il Grande. I bolscevichi marxisti vinsero i social-rivoluzionari, che sognavano il contadino russo, dato che lui seguirà gli eroi della Rivoluzione, animati completamente dallo spirito di auto-sacrificio e amore per il popolo. I bolscevichi consideravano il cosiddetto movimento verde, cioè l'indignazione contadina contro di loro, come stasi. Il movimento verde era magico nel suo spirito anarchico, nella sua estrema opposizione alla città e allo stato. Nella Rivoluzione vinse il grande russo sobrio sui fantasiosi russi d'Ucraina. L'Ucraina stessa è geograficamente più vicina all'Occidente della Grande Russia, ma la Grande Russia è spiritualmente più affine all'Europa. L'Ucraina è più paesana, psicologicamente e lavorativamente parlando, rispetto alla Grande Russia. La città in Ucraina è grande-russa, cioè europea, solo il villaggio è ucraino. La vittoria del bolscevismo in Ucraina significa la vittoria della Grande Russia, cioè dell'elemento occidentale nella Rivoluzione.

I commissari russi sono spesso gli eredi diretti degli zar e degli imperatori. Dal Cremlino, da questa residenza degli zar russi, da questa fortezza moscovita, i bolscevichi condussero la loro lotta vincente contro i loro avversari nella periferia russa. Come i grandi principi moscoviti, che ebbero ragione dei consanguinei feudali in Russia, così i bolscevichi riuscirono nella loro lotta contro il resto dei socialisti, signori del posto. I bolscevichi della Russia centrale soggiogarono i cosacchi, come gli zar e gli imperatori all'epoca del loro dominio li avevano presi al loro servizio. Vinsero i Samostenichi ucraini come all'epoca di Caterina la Grande erano stati vinti gli "haidanachi". I metodi di governo del bolscevichi sono dispostici e ricordano Ivan il Terribile, Pietro il Grane e Nicola I. L'ordine statale è centralistico e anche in questo sono eredi genuini della tradizione russa. In breve: Vediamo nella Rivoluzione russa la vittoria della città sul villaggio, dello Stato sull'anarchia, del centralismo sul federalismo, dell'occidentalità sull'orientalità. Il fenomeno che porta il nome di Rivoluzione, è specifico non meno per i gruppi sociali occidentali, come per quelli orientali. Quella russa precedette la Rivoluzione francese e inglese e la guerra civile romana. Osserviamo qui soltanto i fenomeni principali di questo genere. Ogni rivoluzione nasconde in sé il germe di un influsso internazionale. In futuro non dobbiamo soffermarci sull'influsso internazionale della Rivoluzione russa, che non ha superato per significato quell'influsso internazionale della Riforma in Germania, quella reazione cattolica, che iniziò in Francia, del Papato e del Rinascimento, che ebbe la sua culla in Italia, del parlamentarismo inglese e del repubblicanesimo francese. Finora perdura l'equilibrio in senso politico e spirituale europeo. È fallito il tentativo di Carlo il Grosso, Innocenzo III, Carlo V, Ludovico XIV, Napoleone e degli ultimi Hohenzollern di unificare l'Europa. Questo tentativo storico c'insegna che riuscirà altrettanto poco alla Russia dell'epoca rivoluzionaria, come anche a quella post-rivoluzionaria.

Ritorniamo alla forma statuale russa. Osserviamo che anche lo sviluppo politico russo è analogo a quello di molti paesi europei. Il dispotismo e il centralismo degli zar, imperatori e dei commissari russi è diverso da quello del Khan mongolo. La creazione statuale mongola esistette finché restò in vita la personalità che l'aveva creata. Dopo la morte di Attila (Temerlano), lo stato dispotico andò in frantumi. In Russia il dispotismo era organico e qualcosa di durevole che aveva in se stesso il punto d'appoggio. La Russia ricorda quegli stati europei in cui il centralismo dominò nelle prime fasi storiche. La Russia ripete l'evoluzione politica di Francia e Inghilterra. Come in questi due paesi genuinamente occidentali, così anche nella – secondo Spengler – magica Russia il potere centralistico vinse sul feudalesimo, la chiesa e le città libere. Come in Inghilterra e in Francia, così anche in Russia vinsero le forze centripete rispetto a quelle centrifughe. In Germania e in Italia le prime vinsero sulle seconde solo da poco tempo. La famiglia di Ivan Kalitas, gli zar moscoviti, sono i "contemporanei" dei Plantageneti e dei Valois, la famiglia degli zar Romanov, dei Tudor e dei Borboni. Lenin è il contemporaneo di Cromwell e di Robespierre. Ne deriva che lo sviluppo storico della Russia ricorda quello degli stati europei. La Rivoluzione russa non è l'espressione dello spirito di Dostoevskij, ma del centralismo russo pre-rivoluzionario, di quel centralismo che dominò anche in molti paesi occidentali, e delle idee occidentali giunte dall'Occidente e non delle idee native dostoevskiane. Le grandi rivoluzioni giunsero a esprimersi nei paesi in cui il centralismo era dominante: a Roma, in Inghilterra, in Francia e in Russia. In quei paesi in cui le forze federaliste superarono quelle centralistiche, lì non avvenne alcuna grande rivoluzione, che avrebbe portato alla sua vittoria, in Grecia, Italia e Germania.

Mai il socialismo, nel senso spengleriano (vol. I, p. 465), si era realizzato come in Russia. Lenin, Nicola I, Pietro il Grande, Ivan il Terribile, Ivan III, cercarono di conservare il potere con tutti i mezzi tirannici. È quasi impossibile trovare una potenza statuale che interverrebbe nella vita del singolo in modo così profondo come succede in Russia. I re prussiani non potevano fare (nel pieno senso del termine) ciò che riusciva agli imperatori pietroburghesi, agli zar moscoviti e ai commissari del Cremlino. Il principe ereditario Federico Guglielmo I, Federico II, Giuseppe II, i due Cromwell: Cromwell, il ministro Enrico VIII, Cromwell, il Lord Protettore, il grande ministro francese Richelieu e Colbert, infine Napoleone come "socialisti" – nel senso spengleriano del termine – non poterono mai realizzare e organizzare con tale perfezione ciò che fecero i dominatori della Russia dall'inizio del XVI secolo sino a oggi. Il centralismo estremo, che Spengler indica col termine "socialismo", nell'epoca degli zar moscoviti, era influenzato dal sistema statuale bizantino, la cui tradizione era ancora viva in Russia grazie alla chiesa ortodossa. Grazie all'influsso del sistema bizantino e alla vicinanza del canato tataro, anche in Russia il centralismo mise profonde radici. In epoca imperiale, questo influsso penetrò dall'Occidente ed essenzialmente dalla Prussia. Tutti gli zar russi, quasi senza eccezione, erano colmi dei sentimenti di venerazione e ammirazione verso tutto ciò che veniva dalla Prussia. L'aristocrazia russa si trasformò in un ceto burocratico. Il consiglio direttivo, la dirigenza della chiesa assunse la forma di un ministero. La potente influenza della prussianità sulla Russia può vedersi anche nel sistema militare e nella sua disciplina. Pietroburgo e Berlino si svilupparono negli stessi anni. Entrambe le grandi città si trovano forse nella parte più povera e misera dello stato. La prussianità nidificò non solo nella forma dell'imitazione del sistema statuale prussiano in Russia. Dopo che Pietro il Grande aveva conquistato le province baltiche, la nobiltà tedesca affluì da questi luoghi nella Russia interna. Il governo russo la riceve a mani aperte. Nell'ordine burocratico essi occupano i posti più alti.

Ma ancor maggiore e significativo è l'influsso occidentale sulla Russia della Rivoluzione. Entrambe le dottrine rivoluzionarie in Russia, una dei "Narodniki" (popolari), la cui dottrina fu assunta dai socialisti rivoluzionari, e il marxismo socialdemocratico, entrambe le dottrine erano originarie dell'Occidente. Sul marxismo non c'è nulla d'aggiungere. È certamente il volto di Giano, l'altra faccia del modo prussiano, non più la Prussia burocratica, ma quella rivoluzionaria trovò così l'ingresso ed esercitò sulla Russia un'azione ancor più efficace forse che nella prima forma. Persino il socialismo originariamente più russo, quello popolare, nel suo spirito inglese positivista di Spengler e Stuart Mills, non è privo di influssi occidentali, quand'anche non abbia rinunciato alla sua azione nella massa, come il marxismo.

I dotti della Russia produssero tra le loro file gli anarchici più grandi e importanti: Bakunin, Herzen, Krapotkin e Tolstoi. Ma l'anarchismo russo avanzò un sistema morto di idee, il cui influsso era molto angusto sulla vita. Perfino in Russia, dove la potenza statuale si era sviluppato così fortemente, anche sul suo terreno crebbe l'anarchismo. L'anarchismo russo originario, se poteva essere messo in relazione con la forte forma statuale creatasi sotto l'influsso occidentale, fu sempre vicino al suo tramonto e fu represso già in embrione. Ivan III pose fine alle città libere all'inizio del loro sviluppo. All'epoca di Ivan IV il Terribile, terminò la lotta tra la potenza centralistica e il federalismo con la vittoria finale del primo. Nella vicina Polonia ebbe luogo contemporaneamente l'opposizione. Là "la libertà dorata" dei nobili vinse sulla potenza del re. All'epoca dei disordini dei cosiddetti "Smuta" sembrava che i cosacchi, i portatori dell'anarchismo russo di quell'epoca, avessero ottenuto lo strapotere in mano loro. Così non accadde. Alla fine Mosca sconfisse i cosacchi. Nel XVII e XVIII secolo scoppiarono nuovamente le rivolte cosacche, ma il governo le mise sempre a tacere. L'elemento estraneo aiutò molto la potenza statuale russa nella sua lotta contro l'anarchismo nazionale. Nella Russia di Kiev, il potere trovò sostegno nell'elemento militari dei "Waradi" – gli scandinavi di Russia – e si fondarono sulla potenza religiosa della spiritualità della chiesa ortodossa. All'epoca degli zar moscoviti, i rinnegati aveva un grande significato, sostennero gli zar nella lotta contro i "boiari", la nobiltà russa. Il più importante rinnegato tataro delle origini fu Boris Godunov. Questi rinnegati tatari nella Russia moscovita ricordano per la loro importanza l'importante posizione degli Armeni a Bisanzio e ancor di più i rinnegati slavi in Turchia nel XVI e XVII secolo. Sul significato degli elementi stranieri nella Russia zarista ci siamo già soffermati.

Abbiamo già accennato al fatto che nella Rivoluzione russa le idee occidentali hanno prevalso sulle idee originariamente russe. Lenin non è né Razin, né Pugacev, i capi cosacchi, che si rivoltarono contro la potenza statuale. Lenin ricorda nelle sue qualità politiche Ivan III, lo statista concreto e scrupoloso, per cui gli interessi statuali erano la cosa più importante e decisiva, mentre il significato del singolo era totalmente in secondo piano. Lenin, il rivoluzionario, ricorda molto Calvino e Cromwell. Il bolscevismo non rappresenta un partito organizzato, ma un ordine. È un moderno ordine gesuitico nel senso completo del termine. Ciò che Calvino è riuscito a fare solo in una città, a Ginevra, Lenin lo compì nello spazio gigantesco della Russia.

Da tutti questi esempi e comparazioni possiamo dedurre che la Russia è in ogni riguardo uno stato occidentale. Nella sezione su Dostoevskij e Tolstoi, abbiamo cercato di addurre la dimostrazione che i motivi religiosi e le genere di scrittura dostoevskiana non sono affatto un fenomeno straordinario russo, ma posseggono anche in Occidente i loro compagni e predecessori. Solo in rapporto alla religione si differenzia dal resto dell'Occidente. Ma l'ortodossia russa è molto, molto più vicina al cattolicesimo e al protestantesimo dell'Occidente rispetto alle religioni orientali, chiunque esse siano. Se gettiamo uno sguardo sulla civiltà universale, vedremo che la Russia conduce una vita non estranea all'Occidente. Spengler ha osservato che la musica russa è chiusa alla comprensione dei tedeschi e suona estranea all'orecchio di un tedesco; ma certamente non sembra estranea così tanto che l'arte giapponese agli occhi europei. Non dubitiamo che le melodie di Chaikovskij siano più comprensibili all'uditore tedesco rispetto ai motivi spagnoli del francese Bizet.

Già agli inizi dello vediamo la civiltà russa camminare sulle stesse vie di quella occidentale. I "Letopisy" russi rappresentano solo una parte della storiografia medievale, i cui creatori erano i monaci. L'epopea degli eroi russa è solo un fenomeno "contemporaneo" dell'epopea dei cavalieri occidentale. Come morì il principe Igor, l'eroe dell'epopea russa, nella sua battaglia con i nomadi, così accadde anche a Rolando, l'eroe dell'epopea francese, nella lotta contro i montanari.

Sull'età dorata della civiltà russa da Puskin sino a Block – su questo secolo di sviluppo russo – non vogliamo spendere altre parole. I motivi espressi in questa letteratura sono gli stessi della civiltà europea del XIX secolo. Non parrà paradossale se diciamo che la letteratura russa del XIX secolo è molto più vicina a quella moderna tedesca di quanto non sia successo a quella italiana in epoca rinascimentale e a quella francese del XVI e XVII secolo.

Ora vogliamo tornare alle prospettive culturali della Russia futura. In base alle visioni spengleriane ne consegue che lo spirito magico di Dostoevskij rappresenterà non soltanto l'unica civiltà russa, ma sarà anche vista a Occidente solo attraverso questo spirito dostoevskiano. In questo passo, in cui abbiamo analizzato lo sviluppo politico e culturale russo vediamo che questa evoluzione riguarda anche i principali stati europei, anche se sarà compiuta dopo. Lo stesso vale anche per la civiltà. Vediamo che Dostoevskij lo scrittore non significa un fenomeno isolato, caratteristico solo per la Russia; che anche Dostoevskij come pensatore religioso non è caratteristico solo della Russia.

Anche se la civiltà dostoevskiana afferrerà la Russia avvenire? Se noi prendessimo lo spirito culturale espresso nell'ordine sociale russo prima della Rivoluzione e lo confrontiamo con quello post-rivoluzionario, si aprono di fronte ai nostri occhi la seguente immagine:

La civiltà sociale pre-rivoluzionaria è colma di spirito chialistico, dall'anelito ai cambiamenti profondi dell'ordine sociali; la credenza che la società possa essere riformata e migliorata cresce sempre più. Dopo la Rivoluzione seguì una disperazione sull'ideale che non poteva essere raggiunto, lo spirito positivista si è rafforzato, nella scienza domina l'archeologia. L'Inghilterra, prima degli eventi accaduti a metà del XVII secolo, era puritana, ma dopo la Rivoluzione questo spirito puritano divenne più sobrio. Max Weber mostra come il puritanesimo dei secoli XVII e XVIII divenne la visione del mondo del capitalismo in Inghilterra e America. E il puritanesimo gioca anche nella storia dello spirito lo stesso ruolo. Milton – un puritano della Rivoluzione, Longfellow ed Emerson – puritani post-rivoluzionari. L'Inghilterra – com'è noto – è la patria dell'economia politica. Vi sorse alla fine del XVIII secolo ben dopo la Rivoluzione. Che cos'è quest'elemento caratteristico nell'immagine di tutti questi dotti nell'ambito dell'economia politica inglese? Non solo Malthus, ma anche Adam Smith e Ricardo giunsero a visioni pessimistiche sulla possibilità di un miglioramento della situazione economica. Di Malthus non vogliamo parlare. Adam Smith trova che la cosa migliore che ci resta da fare sia di non intraprendere nulla, di non far nulla. Ricardo, il suo allievo, scoprì la cosiddetta "legge ferrea" e Robert Owen propone mezzo filantropico. In generale, la filantropia è molto specifica per la società post-rivoluzionaria. E se ora consideriamo la scienza economico-politica sul continente, vediamo questo:

In Francia – prima della Rivoluzione – dominava il fisiocratismo, cioè la fede nel villaggio. Dopo la Rivoluzione, domina il principio del "laissez faire et laissez passer". In Germania, dove la Rivoluzione del 1948 non era penetrata sufficientemente in profondità, gli sforzi riformatori e la fede nel miglioramento dell'ordine sociali non ebbero ragione e qui vediamo l'acmé delle idee socialiste, nella forma rivoluzionaria del marxismo o nella forma evoluzionistica del socialismo cattedratico. E ora nella Russia pre-rivoluzionaria, la scienza economico-politica si trasformò nella religione della Rivoluzione. L'Inghilterra e la Francia rappresentano paesi la cui scienza è positivistica e si costruisce sulla base dei fatti. La storia si occupa qui dell'analisi del materiale che l'archeologia le proibisce. L'astronomia si basa sugli eventi del telescopio. In Russia – sino a oggi – non ci si occupava di scienza – nel senso più completo del termine. Sia nella scienza, sia nell'arte si vede soltanto uno strumento per il miglioramento della situazione sociale. Questo spirito sobrio, così caratteristico della Francia del XIX secolo, cioè della Francia post-rivoluzionaria, sarà ancora più importante nella Russia del futuro, nella stessa misura in cui la Rivoluzione russa interverrà più radicalmente nei rapporti sociali della Russia di quanto non accadde alla Rivoluzione francese in Francia. Lo spirito dostoevskiano era caratteristico della Russia del passato, ma non del futuro – come pensa Spengler. A Firenze giunsero dopo Savonarola, Galilei, Torricelli, Machiavelli e Vico. La filosofia inglese del XVIII e XIX secolo era scettica, positivistica ed empiristica. Accenniamo anche alla rifioritura della scienza in epoca ellenistica ad Alessandria. Se vogliamo conoscere lo spirito della Russia futura, volgiamo lo sguardo alla Francia e all'Inghilterra di oggi. Una grossa somiglianza esiste nello sviluppo politico e culturale di questi tre paesi. Non è un caso che Spengler, un tedesco, non abbia potuto comprendere e concepire interamente la Rivoluzione russa. L'evoluzione politica e culturale della Russia in Europa orientale presenta maggiori somiglianze con quella di entrambi i paesi dell'Europa occidentale rispetto alla Germania dell'Europa centrale.

Capitolo 9. Chi ha l'ultima parola in Europa?

La Russia non può conservare lo stesso valore per la storia europea, che ebbe la civiltà araba per il mondo antico. La Russia è uno stato unitario, il momento dello stato è in Russia forte e – cosa più importante – la Russia non è giovane come crede Spengler. L'ultima parola in Europa non spetterà alla Russia, ma ad altri popoli che sono più giovani di quello russo. Quei popoli sono i piccoli popoli sulla costa del Mar Baltico, di questo Mar Mediterraneo dell'Europa futura, lungo il Danubio e la penisola balcanica. Gli eventi degli ultimi anni hanno tirato fuori il modo di vita forte e positivo di questi piccoli popoli. La missione tedesca dell'Austria sulle rive del Danubio fallì, già ai tempi di Giuseppe II, nel 1948. Il rovesciamento è soltanto un esito natura dell'impotenza austriaca nei suoi sforzi di germanizzare gli slavi. La sconfitta della Turchia a Vienna e la pace di Karlowitz nel 1699 non furono il segno di una vittoria trionfante austriaca sulla Turchia, ma della forza dei piccoli popoli danubiani e balcanici, che giunse così a esprimersi. La Russia, che esercitava il governo sulle province baltiche dall'epoca di Pietro il Grande (2 secoli), non riuscì a russificare gli estoni, i lettoni e i lituani, né i finnici. Di questi popoli, da Nordkap sino al Mar Egeo, i popoli scandinavi, i polacchi, i ceci e gli ungari partecipano allo sviluppo della civiltà europea. Ma anche la partecipazione di questi popoli non iniziò da troppo tempo e nessuno di loro ottenne il timbro di un significato internazionale. L'intervento dei popoli occidentali nella vita politica iniziò in ogni caso da poco tempo e il loro rapporto effettivo con la civiltà europea è molto debole. Come i russi prima di Puskin, che, senza una propria civiltà, si abbandonarono all'influsso francese, così ora i popoli balcanici, baltici e danubiani sono abbandonati agli effetti della civiltà tedesca e russa. La vita cittadina si trova ancora in uno stato larvale. I loro contadini sono "muzik", non "fellah". Sul significato e la differenza di questi concetti ci siamo già soffermati in un capitolo a parte. Tra questi popoli, l'Albania è il più giovane. Si trova ancora in una condizione primitiva di cooperazione tribale. I paesi dell'Asia occidentale e del Nord Africa erano, prima dell'arrivo dell'Islam, frammentate in tante piccole tribù e gruppi popolari, come i paesi baltici, balcanici e danubiani. Ci resta finora quell'"islamismo" che creerebbe su questi popoli una forma unitaria di un'impronta internazionale e paneuropea. Ma appare chiaro con ogni certezza che l'ultima parola in Europa l'avranno quei popoli e non la Russia, come crede Spengler, e naturalmente ancor meno il mondo anglo-americano.

Il tramonto d'Israele?

Abba Gaissinovic lettore di Oswald Spengler[*]

Premessa

Ci sono scrittori molto noti in vita (o durante una sua particolare fase) e quasi del tutto sconosciuti dopo la morte. Ci sono scrittori che hanno segnato un'epoca e ne hanno qualche modo espresso i suoi più intimi sentimenti, le sue tensioni e le sue aspettative. Si pensi, per esempio, a Max Nordau nella Parigi di inizio Novecento (l'autore di *Degenerazione*)[1] oppure a Oswald Spengler nella Germania weimariana. Critico della cultura tedesco del secolo passato, Spengler (1880-1936) è figura emblematica di un particolare momento storico europeo: la crisi di valori successiva alla Grande Guerra e l'irrompere della società di massa nella vita politica, economica e culturale[2]. Il fallimento dell'ideale pan-germanico segnò il declino dell'idea stessa di *Kultur* intesa come cultura dell'anima (*Seele*), ma anche e soprattutto come civiltà tedesca, come apoteosi dell'«anima faustiana» espressa pochi anni prima dalla volontà di potenza nietzscheana[3]. Non bisogna tuttavia dimenticarsi delle capacità profetiche e preveggenti espresse dall'autore di

---

[*] Il saggio è già apparso in «Nuova Storia Contemporanea», XIV, 3, 2010, pp. 75-92.

[1] Cfr. *Max Nordau (1849-1923). Critique de la degenerescence, mediateur franco-allemand, pere fondateur du sionisme*, textes edites par D. Bechtel, D. Bourel et J. Le Rider, Paris, Editions du Cerf, 1996.

[2] Cfr. R.J. Overy, *Crisi tra le due guerre mondiali, 1919-1939*, Bologna, Il Mulino, 1998.

[3] Cfr. F. Jesi, *Thomas Mann*, Firenze, La Nuova Italia, 1975.

un ponderoso volume capace di abbracciare il tutto nelle sue differenti parti: *Der Untergang des Abendlandes* (Il tramonto dell'Occidente, 1918-1922). Il titolo di questo libro, che sarebbe più corretto tradurre con il pleonasmo *Il tramonto della terra ponentina*, resta un capolavoro di sagacia e di arguzia che oggi sta ritrovando i suoi primi esegeti e interpretati e che un domani, forse, potrà avere i suoi primi emulatori. Ci riferiamo, in particolare, alla visione organica della storia umana, in antitesi a quella che potremmo definire come visione meccanica[4].

Il volume spengleriano ha trovato numerosi commentatori e interpreti sin dall'apparizione del primo tomo nel 1918[5]. L'attenzione è stata spesso catturata dalla prognosi spengleriana, cioè della crisi irreversibile del mondo occidentale e, in particolar modo, della Germania faustiana, sua punta di diamante. Accanto al ponderoso apparato descrittivo e concettuale, l'*opus magnus* spengleriano si sofferma anche sulla Russia e sull'ebraismo, fornendo utili spunti di riflessione filosofici, storici e – come vedremo – politici[6]. Proprio dell'analisi della Russia e della civiltà ebraica intendiamo occuparci in questo nostro contributo, ma con particolare riferimento a un suo sconosciuto commentatore ebreo: Abba Gaissinovic. Nato in Russia Bianca nel 1898, Gaissinovic studia filosofia alle università di Liegi e di Vienna, dove si addottora nel 1924 con una tesi dedicata proprio a Spengler. Il titolo esatto è *Bemerkungen zu*

---

[4] Cfr. P. Becchi, *Meccanicismo e organicismo. Gli antecedenti di un'opposizione*, «Filosofia politica», XIII, 3, 1999, pp. 457-472.

[5] Cfr. O. Spengler, *Der Untergang des Abendlandes. Umrisse einer Morphologie der Weltgeschichte*, I. Band: *Gestalt und Wirklichkeit*, Wien, Braumüller, 1918; Band II: *Welthistorischen Perspektiven*, München, Beck, 1922.

[6] Cfr. F.M. Cacciatore, *Indagini su Oswald Spengler*, prefazione di D. Conte, Soveria Mannelli (CZ), Rubbettino, 2005 pp. 52 ss.

Spenglers Auffassung Russlands (Osservazioni sulla concezione spengleriana della Russia). Questo lavoro, che rientra nella complessa e variegata ricezione dell'*Untergang des Abendlandes*[7], è particolarmente interessante per due motivi: propone un'analisi originale dell'interpretazione storico-morfologica spengleriana della Russia, e inserisce un importante excursus dedicato alla concezione spengleriana dell'ebraismo. L'obiettivo che ci poniamo di raggiungere analizzando il lavoro dottorale di Gaissinovic è quello di valutare sia l'originalità delle sue idee, sia la sostenibilità della tesi di Ze'ev Sternhell sull'ideologia fascista, sintetizzabile nella formula *ni droit ni gauche*[8].

Questa domanda ha una sua importanza, perché Gaissinovic è noto agli studiosi di storia d'Israele come Abba Achimeir, nome che assunse proprio nel 1924 compiendo la propria *alijà* («salita», cioè immigrazione) nella Palestina mandataria. Ebbene, Achimeir può essere considerato come l'intellettuale di punta della destra radicale sionista emersa negli anni Venti e Trenta del Novecento, che si rifaceva direttamente all'ideologia fascista[9]. Membro inizialmente di *Hapoel Hatsair* (il giovane lavoratore), gruppo sionista socialista non-marxista di tendenze anarchicheggianti[10], Achimeir abbandonò ben presto il movimento per la crescita del proprio anticomunismo. Nel 1928 iniziò a pubblicare

---

[7] Più in generale si veda D. Conte, *Introduzione a Spengler*, Roma, Laterza, 1997.

[8] Cfr. Z. Sternhell, *Né destra né sinistra. La nascita dell'ideologia fascista*, trad. a cura di G. Sommella e M. Tarchi, Napoli, Akropolis, 1984.

[9] Cfr. N. Orland, *Der Faschismus in zionistischer Sicht*, Frankfurt am Main etc., Lang, 1986. Più in generale si veda Z. Sternhell M. Sznajder, M. Asheri, *Nascita dell'ideologia fascista*, prefazione di M. Revelli, Milano, Baldini & Castoldi, 1993.

[10] Sulla storia del sionismo laburista si veda lo stesso Sternhell, *Nascita di Israele. Miti, storia, contraddizioni*, Milano, Mondolibri, 2000.

all'interno del quotidiano ebraico «Do'ar Hayom» (Posta quotidiana) la rubrica *Cronaca di un fascista*. È del 1928 la sua adesione al movimento sionista revisionista capeggiato da Vladimir Ze'ev Jabotinsky[11]. Nel 1931, a seguito della crisi del Muro del Pianto del 1929, fonda con il poeta Uri Zvi Greenberg e il medico-scrittore Yehoshua Yevin l'associazione segreta dei *Brit Ha'Birionim* (Patto dei briganti), direttamente ispirato agli zeloti d'epoca romana e intenti a combattere gli inglesi, gli arabi e gli ebrei considerati moderati o disfattisti (vengono progettati attentati mai realizzati). Nel 1933 Achimeir viene arrestato con l'accusa di istigazione all'assassinio politico di Chaim Arlosoroff, esponente di punta del sionismo palestinese, ritenuto uno dei principali artefici dell'accordo commerciale con la Germania nazista[12]. L'iniziale condanna a morte, commutata in 18 mesi di carcere, determina la fine dei *Birionim* e del radicalismo fascista di Achimeir. Dopo un breve soggiorno in Polonia, egli tornerà in Palestina prima della Seconda guerra mondiale, dove sarà ispiratore del Gruppo Stern e del *Lehi*[13]. Malgrado le parole d'elogio ripetutamente spese da Menachem Beghin, Achimeir non sarà mai presentato nelle liste di *Heruth*, il partito della destra sionista erede del sionismo revisionista. Achimeir muore nel 1962.

---

[11] Sul personaggio si veda P. Di Motoli, *La destra sionista. Biografia di Vladimir Jabotinsky*, M&B publishing, 2001; V. Pinto, *Imparare a sparare. Vita di Vladimir Ze'ev Jabotinsky, padre del sionismo di destra*, Torino, UTET libreria, 2007.

[12] Cfr. E. Black, *The Transfer Agreement. The Dramatic Storm of the Pact Between the Third Reich and Jewish Palestine*, Cambridge (Massachussetts), Brookline Books, 1999; F. Nicosia, *The Third Reich and the Palestine*, New Brunswick, Transaction Publ., 2000.

[13] Cfr. J. Heller, *The Stern Gang. Ideology, Politics, and Terror, 1940-1949*, London, Frank Cass, 1995.

1. *Le* Bemerkungen zu Spenglers Auffassung Russlands *di Abba Gaissinovic*

Prima di dedicarci al lavoro di Gaissinovic, è opportuno soffermarci sul ponderoso saggio di Spengler, in particolare sulla sua diagnosi delle sorti europee e sulla posizione che assume l'ebraismo nella sua filosofia (o morfologia) della storia. Secondo Spengler, la Russia non è una civiltà a se stante, ma è un miscuglio di *Kultur* e *Zivilisation*, di *Abendland* e di *Morgenland*, di Occidente e Oriente, di ponente e levante. Rientra, infatti, tra i casi di «pseudomorfosi»:

Chiamo pseudomorfosi storiche i casi nei quali una vecchia civiltà straniera grava totalmente su di un paese che una civiltà nuova, congenita a questo paese, ne resta soffocata e non solo non giunge a forme proprie e pure di espressione ma nemmeno alla perfetta coscienza di sé stessa. Tutto ciò che emerge dalle profondità di una giovane animità va a fluire nelle forme vuote di una vita straniera; una giovane sensibilità si fissa in opere annose e invece dell'adergersi in una libera forza creatrice nasce soltanto un odio sempre più vivo per la costrizione che ancora si subisce da parte di una realtà lontana nel tempo[14].

Una pseudomorfosi, ovvero – in termini mineralogici – l'esistenza di un minerale con la forma esterna di un'altra specie mineralogica, indica, quindi, una sorta di ibrido tra forme e contenuti che – secondo Spengler – ben si addice a connotare la civiltà magica. La Russia, infatti, rientra tra le pseudomoforsi dell'«anima magica»[15]. Contrariamente all'«anima apollinea» e a quella

---

[14] O. Spengler, *Il tramonto dell'Occidente. Lineamenti di una morfologia della storia mondiale*, a cura di R. Calabrese Conte, M. Cottone, F. Jesi, traduzione di J. Evola, Milano, Longanesi, 1981⁴, pp. 926-927.
[15] Cfr. ivi, pp. 926 ss.

«faustiana», dotate di un proprio naturale decorso storico (la prima sino al 1000 d.C. circa, la seconda dal 1000 in poi)[16], l'«anima magica», «mediatrice fra le due civiltà in reinterpretazione e trasmissione di forme prese dall'antico», viene espressa al meglio dalla civiltà araba, «destatasi ai tempi di Augusto nel paesaggio compreso fra il Tigri e il Nilo, fra il mar Nero e l'Arabia meridionale, con la sua algebra, la sua astrologia e la sua alchimia, coi suoi mosaici e i suoi arabeschi, i suoi califfati e le sue moschee, coi sacramenti e coi libri sacri della religione persiana, ebraica, cristiana, della bassa antichità e manichea»[17]. La civiltà araba è una pseudomorfosi, perché è una civiltà vecchia che non è mai stata giovane, non ha mai conosciuto una propria espressività esteriore (potremmo paragonarla a un feto mai venuto alla luce): non ha conosciuto l'aurora e non conoscerà il tramonto proprio perché – continua Spengler riferendosi alla nascente arte araba – «non osò appropriarsi dei mezzi espressivi *senza abbandonarsi a essi*»[18].

Come detto, Gaissinovic analizza la concezione spengleriana della «civiltà» russa. Questo significa, però, partire dalla visione spengleriana dell'«anima magica» per carpirne i limiti interpretativi e i pregi euristici, toccando in questo modo due temi indiscutibilmente a cuore al giovane ebreo bielorusso: il futuro nazionale della Russia

---

[16] Spengler le definisce così: «Chiamerò ormai *apollinea* l'anima della civiltà antica, che scelse come tipo ideale dell'esteso i singoli corpi sensibili e presenti. Dopo Nietzsche, una tale espressione è comprensibile a ognuno. A essa oppongo l'anima *faustiana*, il cui simbolo primordiale è lo spazio puro illimitato e il cui "corpo" è la civiltà occidentale, nata insieme allo stile romanico del decimo secolo nelle pianure nordiche fra l'Elba e il Tago». (Spengler, *op. cit.*, pp. 277-278).

[17] Ivi, p. 326.

[18] Ivi, pp. 316 ss.

sovietica e quello dell'ebraismo diasporico alla luce della militanza sionista (ovvero di un nazionalismo «faustiano» ebraico). Spengler analizza dettagliatamente l'anima magica nel terzo capitolo del secondo tomo dell'*Untergang* (apparso nel 1922), intitolato *Problemi della civiltà araba*. Gaissinovic passerà al vaglio l'interpretazione spengleriana del primo paragrafo, intitolato *Le pseudomorfosi storiche*, dove viene analizzata la storia della Russia e quella del popolo ebraico. Partiamo dalla definizione spengleriana di «civiltà magica»:

Nel gruppo delle civiltà superiori quella magica è, geograficamente e storicamente, la civiltà che più di ogni altra ebbe una posizione centrale, l'unica che spazialmente e temporalmente fu in contatto con tutte le rimanenti. Così non è possibile tracciare una imagine [sic] complessiva della storia se non si è in grado di intendere la forma interna di quella civiltà, che venne falsata dalla sua forma esterna; ma di ciò finora si è stati incapaci causa i pregiudizi filologici e teologici e, ancor più, causa la divisione propria allo specialismo della scienza moderna. [...] Gli studiosi della letteratura, filologi anch'essi, confusero poi lo spirito della lingua con quello delle opere. Ciò che nelle regioni aramaiche fu scritto o trasmesso in greco, venne da essi incorporato nella «tarda letteratura greca», per la quale fu fissato un determinato periodo. I testi in altre lingue andavano al di là della loro specializzazione e perciò vennero inclusi artificialmente in altre storie della letteratura. Ma proprio ciò dà la migliore dimostrazione del fatto che non esiste al mondo una storia della letteratura che coincida con quella della lingua corrispondente. Nelle regioni anzidette si ebbe un gruppo ben definito di letterature magiche nazionali di identico spirito ma in *diverse* lingue, comprese le lingue antiche. Infatti una nazione di stile magico non ha una lingua materna. Esiste una letteratura *nazionale* talmudica, manichea, nestoriana, islamica e perfino neopitagorica, ma non esiste una letteratura ellenica o ebraica in genere[19].

Spengler ci dice due cose molti importanti: la civiltà magica è una civiltà transumante e la sua forma (nucleo) interna è ben diversa dalla sua forma (guscio) esterna. Aggiunge anche che lo studio della civiltà magica è stato in qualche modo falsato dal pregiudizio esistente sui popoli magici, adattativi per loro intrinseca costituzione, ma mai propositivi ed espressivi.

Nell'introduzione della sua tesi dottorale, Gaissinovic sostiene la rilevanza dell'opera di Spengler quale «fenomeno epocale della letteratura universale storico-filosofica degli ultimi anni», «sintesi di tutte le aspirazioni romantiche dei suoi predecessori», «libro moderno» e, nietzscheanamente, «attuale»[20]. I grandi avvenimenti storici fanno spesso ritornare alla mente il «buon vecchio passato», soprattutto quando la società non è stata in grado di metabolizzare i cambiamenti repentini (come, nel caso specifico, la sconfitta bellica per la Germania prussiana). Molti libri passano (come *L'unico* di Max Stirner a metà Ottocento), pochi restano attuali. Il libro di Spengler è importante proprio perché incarna gli stati d'animo del suo paese e, più in generale, dell'Europa intera. La dottrina imperante nel dopoguerra non fa presagire nulla di nuovo sotto il sole:

Questo libro esprime lo stato d'animo di una parte dell'intellighenzia europea al termine della guerra e nel primo dopoguerra. All'inizio della guerra questo stato d'animo era del

---

[19] Ivi, pp. 929-930.

[20] A. Gaissinowitsch, *Bemerkungen zu Spenglers Auffassung Russlands*, Inaugural-Dissertation zur Erlangung der philosophischen Doktorswürde vorgelegt der philosophischen Fakultät der Wiener Universität, 1924, pp. 5-8 (ringrazio per la gentile concessione l'Istituto Jabotinsky di Tel Aviv).

tutto diverso. Allora gran parte dell'intellighenzia era dominata dalla psicosi bellica. L'uomo di cultura tedesco si attendeva dalla guerra mondiale la realizzazione del pensiero tedesco, sperava che al termine del conflitto la Germania avrebbe giocato nella storia dei popoli quel ruolo che le competeva e cui aveva vanamente aspirato dal Medioevo[21].

La tesi che Gaissinovic cercherà di dimostrare è la chiusa della sua introduzione:

Il futuro europeo appartiene alla Russia, dice ogni tedesco, anche quello che non intuisce l'esistenza del libro spengleriano. Da tutto questo si evince quanto il libro di Spengler sia sintomatico della sua epoca[22].

Dopo aver spiegato la rilevanza dell'opera spengleriana, Gaissinovic si sofferma sulla civiltà araba, espressione storicamente quintessenziale dell'anima magica pseudomorfica, che è una specie di analogo della Russia per la civiltà faustiana. Spengler aveva sostenuto la radicale differenza tra le grandi macro-civiltà sulla base di un differente comune sentire:

Mentre l'uomo faustiano è *un Io*, una forza di rimessa a sé stessa che, in fondo, è essa a decidere dell'infinito, mentre l'uomo apollineo è un *soma* fra molti altri che risponde solo di sé stesso, l'uomo magico nel suo essere spirituale non è che *parte di un «noi»* pneumatico, di una entità che resta una ed uguale a se stessa in tutti coloro che è discesa. Come corpo ed anima l'uomo magico appartiene solo a sé stesso; ma in lui risiede anche qualcosa di altro, di estraneo e di più alto, per cui egli in tutte le sue idee e le sue convinzioni si sente soltanto membro di un *consensus*, il quale, come profanazione del divino, esclude l'errore ma anche ogni possibilità, per l'Io, di porre

---

[21] Ivi, p. 10.
[22] Ivi, p. 11.

liberamente dei valori. Per l'uomo magico la verità è qualcosa di diverso che per noi. Per lui tutti i nostri metodi di conoscenza basati su di un *proprio particolare giudizio* sono pazzia e accecamento e le conquiste scientifiche che ne risultano sono un'opera del principio malvagio il quale ha sviato lo spirito e ingannato quanto alle sue capacità e alle sue finalità. In ciò sta il supremo mistero, per noi affatto inconcepibile, del pensiero magico nel suo mondo criptomorfo: l'impossibilità dell'esistenza di un Io che pensa, che crede, che sa è il presupposto di tutte le rappresentazioni fondamentali di ciascuna di tali religioni. Mentre l'uomo antico si trova dinanzi ai suoi dèi come un corpo dinanzi ad altri corpi, mentre l'Io faustiano volitivo sente agire nel suo vasto mondo l'Io onnipotente di una divinità parimenti faustiana e volitiva, la divinità magica è una forza vaga ed enigmatica d'in alto che a suo beneplacito s'incollerisce o concede la grazia, che svanisce nell'oscurità o eleva l'anima fino alla luce. L'idea stessa di aver una volontà propria è assurda, perché «volontà» e «pensiero» nell'uomo son già cose prodotte dalla divinità[23].

Gaissinovic critica apertamente la visione spengleriana dell'anima magica, secondo cui il popolo ebraico sarebbe una nazione senza terra e Gerusalemme solo la «Mecca» del popolo ebraico. La confutazione avviene sulla base della «normalizzazione» storicistica del popolo ebraico: il popolo ebraico non è un *consensus*, un'unità di credenti, infallibile sul piano spirituale (per usare l'espressione agostiniana cara a Spengler)[24], ma è magico *una tantum*. Innanzitutto, mentre nel II secolo a.C. la Palestina era abitata solo da una minoranza ebraica, intorno al 70 d.C. tutta la Palestina lo era (fenomeno, questo, comune a molte altre civiltà non magiche!). Se Gerusalemme fosse stata solo un centro spirituale, perché mai gli ebrei si sarebbero gettati in una lotta armata suicida contro

---

[23] Spengler, *op. cit.*, pp. 994-995.
[24] Ivi, p. 1005.

l'Impero romano?[25] La diaspora ebraica non è un fenomeno consustanziale a una pseudomorfosi magica, ma è un fenomeno abituale nella storia delle grandi civiltà (apollinee o faustiane che siano): i popoli tendono a espandersi e a contrarsi, a stabilirsi su altre sponde e, spesso, a perdere i contatti politici con il proprio centro per mantenere rapporti puramente culturali (vedi le colonie greche, puniche e – recentemente – inglesi)[26]. La profezia non è un fenomeno magico-ebraico, come la religione è un fenomeno magico-russo: i profeti non fondano una nuova religione (ovvero non importano dalla Persia lo zoroastrismo nella religione ebraica), ma semplicemente approfondiscono la loro religione e lottano contro gli influssi stranieri. La tesi spengleriana dell'influenza persiana sulla religione giudea (ripescata da Eduard Mayer) è sostenibile nella misura in cui una civiltà più giovane influenza una più anziana, non una «superiore» (quella «ariana») una «inferiore» (quella «semitica»)[27]. Ezra è stato il Lutero dell'ebraismo, così come Maometto quello della religione persiana e siriana[28].

La riforma religiosa – continua Gaissinovic – è tale a prescindere da dove avvenga, se in una civiltà apollinea, magica o faustiana: «Il radicalismo riformatore non dipende dal fatto se si sia realizzato in una società che era vivificata dallo spirito magico o faustiano, ma dal destino storico, composto da molte ragioni locali»[29]. Lo stesso discorso vale per il fenomeno della diaspora: il popolo ebraico non è senza terra e nomade in quanto «magico», ma semplicemente colonizzatore soprattutto dopo la

---

[25] Gaissinowitsch, *op. cit.*, p. 12.
[26] Cfr. ivi, pp. 13 ss.
[27] Cfr. ivi, pp. 16 ss.
[28] Ivi, p. 18.
[29] Ivi, p. 19.

distruzione del Secondo Tempio. I legami tra la madrepatria e le colonie è simile a quello di altre civiltà. E il rapporto quantitativo tra la popolazione della madrepatria e quello delle colonie? «Gli ebrei – osserva Gaissinovic – divennero un "popolo senza terra", cioè il tratto sintomatico di un popolo magico – secondo la terminologia spengleriana – quantomeno due secoli dopo la distruzione di Gerusalemme. Perché all'epoca in cui ebbe luogo la crisi nella metropoli ebraica, in Palestina, furono fondate anche le principali colonie della diaspora ebraica: Alessandria, Cirenaica e Cipro»[30]. Se la diaspora è un fenomeno magico come apollineo e faustiano, lo è altrettanto che la conversione avviene indipendentemente dall'«anima» del convertitore: non soltanto le civiltà magiche fanno proseliti, ma anche tutte le altre[31]. Se non è l'«anima» a guidare lo sviluppo storico delle grandi civiltà, allora è qualcosa di assai più tangibile e circostanziato. Non è la «razza» dei sostenitori della superiorità ariana, non è la volgarizzazione nietzscheana di Spengler, ma è l'«anima di un popolo», nata su basi storiche e consolidatasi nel corso del tempo su un particolare territorio[32]. Se la civiltà araba è magica *una tantum*, la Russia non è quella pseudomorfosi magica tratteggiata dallo studioso tedesco. Non è Dostoevskij a rappresentare la quintessenziale anima religiosa russa, ma è il bolscevismo a essere quello che l'Islam fu a suo tempo per il popolo arabo: una sferzata monistica all'anima del popolo russo[33].

Spengler dedica poche, ma suggestive pagine alla

---

[30] Ivi, p. 23.
[31] Ivi, p. 25.
[32] Sulla definizione spengleriana di *consensus* ebraico astorico si veda il pamphlet del rabbino viennese M. Grunwald, *Das Judentum bei Oswald Spengler*, Berlin, Philo-Verlag, 1924.
[33] Gaissinowitsch, *op. cit.*, p. 28.

civiltà russa, «pseudomorfosi» caratterizzata dal conflitto tra forma occidentale (dei ceti superiori) e anima slava (dei ceti popolani), ben espresso nel dualismo letterario ottocentesco fra Tolstoj e Dostoevskij[34]. Gaissinovic smonta uno dopo l'altro gli assunti del pensatore tedesco, partendo dal rapporto effettivo tra forma occidentale e anima slava. La Russia, secondo il giovane studente ebreo bielorusso, è stata «scoperta» tre volte dagli occidentali: durante le esplorazioni geografiche dell'età moderna e la penetrazione economica inglese (XVI e XVII secolo); grazie alla figura di Pietro il Grande e agli eventi francesi (XVIII e XIX secolo); con la Grande Guerra e la Rivoluzione bolscevica (XIX e XX secolo). In tutte e tre i casi, contrariamente a quanto avvenne in Oriente, l'orgoglio nazionale russo non ha reagito veementemente, irrigidendosi e chiudendosi di fronte allo «straniero». Anzi, lo spirito occidentale è radicalmente penetrato nell'anima russa, tant'è vero che la vittoria bolscevica è una vittoria occidentale (come occidentali lo erano le opposizioni liberali e socialiste). La Germania prussiana è stata particolarmente attenta al «pericolo orientale», non solo per la propria alleanza con la Francia, ma anche per la vittoria bolscevica e per il biennio rosso intestino. In tal senso, il libro di Spengler, «opera di sintesi di tutte le idee sociali e culturali che oggi ci sono e si danno in Germania», è profondamente attuale: «l'enorme disperazione che oggi si è impadronita dell'Europa e soprattutto della Germania, [spiega] l'avvicinamento dell'attenzione generale alla Russia»[35].

Gaissinovic corregge anche la visione spengleriana del «fellahinismo» (contadinato). È sbagliato assimilare i

---

[34] Spengler, *op. cit.*, pp. 936 ss.
[35] Gaissinowitsch, *op. cit.*, p. 33.

contadini russi (i «muzhik») ai fellahin mediorientali[36]. Quest'abbaglio, che dipende dalla visione spengleriana di anima magica, che riguarderebbe anche la Russia greco-ortodossa, non gli permette di cogliere un'altra specificità della Russia. Mentre i fellahin appartengono a una civiltà magica astorica, a una società priva di ogni storicità (esempi, in tal senso, si avrebbero anche in larghe fasce delle campagne europee mediterranee e continentali), i muzhik sono invece figli di una società che vive nel presente. Simili ai coltivatori-soldati romani, essi forniscono materiale umano alle conquiste militari e alla colonizzazione di territori vergini. Gli abitanti dei villaggi russi, pur rivoltandosi periodicamente contro le «città», non sono privi di una loro visione storica, sanno spingersi in città in cerca di lavoro, sono a loro modo dinamici, vitali e «attuali». Sono, in una parola, ben diversi dai fellahin, che non sanno guardare oltre il proprio villaggio e il proprio pezzo di terra. Questo ha spiegato a suo tempo la diversità tra la civiltà romana e quella ellenistica (l'esclusione dalla linea della politica del *populus romanus* degli istinti fellahinici). Questo spiega oggi perché il pacifismo non abbia attecchito tra i muzhik così bene come tra i fellahin mediorientali. Il trionfo degli ideali fellahinici (sostenuti spesso inconsapevolmente dai cosmopolitici e dai riformisti) – come afferma Spengler – *«significa una abdicazione della nazione nell'insieme della storia, abdicazione non a favore della pace universale, ma di altre nazioni»*[37].

Come i contadini russi non sono «magici», se non *una tantum*, così la città russa e occidentale per eccellenza (San Pietroburgo) non è un corpo estraneo nella vita popolare russa. Gaissinovic fuga ogni dubbio: Pietroburgo non è

---

[36] Spengler, *op. cit.*, pp. 881 ss.
[37] Ivi, p. 924.

simile alle città greche dell'Asia minore o alle colonie ellenistiche, non è né una colonia commerciale, né una colonia militare, perché è il frutto della convergenza tra sviluppo dell'economia popolare, civiltà russa e costellazione politica[38]. Lungi dall'essere un'isola occidentale nel mare del muzkhismo russo (come sostiene Spengler), San Pietroburgo è il frutto dell'apogeo politico dell'epoca imperiale. Città nuova, ma fortemente assimilativa (come lo dimostrano i finnici e i tedeschi baltici), San Pietroburgo è più «russa» di quanto non lo fossero le città tipiche del mondo arabo (Alessandria e Costantinopoli)[39]. Non è soltanto il centro politico della Russia imperiale, ma anche quello spirituale. Tutti gli artisti russi vivono a San Pietroburgo, da Puskin a Dostoevskij, passando per Gogol[40]. Pietroburgo ha rivestito nella cultura russa degli ultimi due secoli un ruolo forse eguale soltanto ad Atene e alla Roma repubblicana; è un «fenomeno nazionale russo come Atene, ma Alessandria *non* è un fenomeno greco»[41]. Questa constatazione non viene inficiata dalla visione negativa fornitane da alcuni scrittori russi: per Turgenev è il simbolo dell'oppressione zarista, mentre per Tolstoj è la concorrente di Mosca[42]. L'odio di molti slavofili per la capitale imperiale russa non è tanto quello per l'Occidente, quanto quello dell'abitante della città per il villaggio[43].

La parte centrale della dimostrazione di Gaissinovic riguarda il rapporto tra le personalità di Tolstoj e Dostoevskij. Prima di soffermarci sulla sua analisi,

---

[38] Gaissinowitsch, *op. cit.*, p. 34.
[39] Ivi, p. 36.
[40] Ivi, p. 38.
[41] Ivi, p. 40.
[42] Ivi, p. 41.
[43] Cfr. ivi, pp. 42 ss..

torniamo un momento a Spengler. Questi ritiene sia necessario «vedere in Dostoevskij il contadino, in Tolstoi [sic] l'uomo della società cosmopolita»:

Tolstoi rappresentò la Russia del passato, Dostoevskij quella dell'avvenire. In tutta la sua vita interiore Tolstoi restò legato all'Occidente. Egli fu il grande interprete del Petrinismo, anche quando egli lo negò: perché questa stessa negazione in lui era occidentale. [...] Tolstoi odiò potentemente l'Europa da cui non poteva liberarsi. Egli odiò in sé stesso ed odiò sé stesso. Per questo fu il padre del bolscevismo. Tutta l'impotenza di questo *animus* e della «sua» rivoluzione del 1917 è espressa nelle scene postume che hanno per titolo «La luce risplende nelle tenebre». Un simile odio Dostoevskij non lo conobbe. Egli nutrì invece un amore altrettanto fervido per tutto quel che è occidentale. [...] Per lui tutti quei problemi, il Petrinismo e la rivoluzione, erano ormai irreali. Di là da essi il suo sguardo si portava verso le lontananze del futuro che *egli* lo concepiva. La sua anima era apocalittica, nostalgica, disperata, ma certa di un tale futuro. [...] Tolstoi fu una grande intelligenza, una mente «illuminata» e «sociale». Tutto ciò che vedeva d'intorno prendeva la forma tarda, occidentale e da grande città di un problema. Invece Dostoevskij non sapeva affatto di problemi. Tolstoi rappresentò un avvenimento all'interno della civilizzazione europea: egli occupa una posizione di mezzo fra Pietro il Grande e il bolscevismo. Ma nessuno dei due seppe vedere la terra russa. Ciò che essi combatterono fu da essi affermato a causa del modo stesso con cui lo combatterono. Non si trattò di un'apocalittica bensì di una opposizione intellettualistica. [...] Dostoevskij fu un santo, Tolstoi soltanto un rivoluzionario. Solo da lui, vero successore di Pietro il Grande, procede il bolscevismo. Il bolscevismo non è l'antitesi del Petrinismo, ma la sua estrema conseguenza, l'estremo degradarsi di ciò che è metafisico in ciò che è sociale, e proprio per questo esso altro non costituisce se non una nuova forma di pseudomorfosi. Se la fondazione di San Pietroburgo fu il primo atto dell'Anticristo, l'autodistruggersi della società che Pietroburgo aveva formata ne è il secondo: e il contadino russo deve averlo intimamente sentito. Infatti i bolscevichi non sono il popolo, anzi non sono nemmeno una parte di esso. Essi sono lo strato più basso della «società», strato straniero ed occidentalizzante al pari di essa, ma da essa non riconosciuto epperò animato dall'odio proprio a chi è inferiore. [...] Il Russo autentico è un discepolo di Dostoevskij, benché non lo abbia letto, benché non sappia leggere – anzi proprio perché non sa leggere. Lui stesso è un pezzo di Dostoevskij. Se i bolscevichi, che considerano Cristo come uno dei loro, come un rivoluzionario nel campo sociale, non fossero di mente così ristretta, avrebbero dovuto riconoscere in Dostoevskij il loro vero nemico. [...] Il cristianesimo di Tolstoi era nato da un equivoco. Tolstoi parlava di Cristo e intendeva Marx. Al cristianesimo di Dostoevskij appartiene invece il millennio che viene[44].

La prospettiva di Gaissinovic è decisamente critica: non soltanto Tolstoj può essere considerato un cristiano e nient'affatto un marxista, ma lo stesso Dostoevskij è ben lungi dall'essere l'espressione di un cristianesimo religioso futuro! Partiamo dal problema del cristianesimo russo: il cristianesimo non è un fenomeno unitario «magico»; la chiesa ortodossa non è l'unica chiesa veramente cristiana e non «compromessa» col mondo (come quella cattolica); Dostoevskij è uno dei grandi pensatori cristiani di fine Ottocento (allora che ne è dei vari Bulgakov, Berdjaev e, soprattutto, di Solovev?); Tolstoj non è un ateo, ma un «settario pensante», attento alla dimensione pratica più che quella teoretica e spirituale del cristianesimo, ma non per questo un marxista; la simpatia per le forme di spiritualità orientali (come la teosofia) non è solo di Tolstoj, ma anche di molti intellettuali tedeschi. In sostanza, mentre Dostoevskij è un intellettuale cristiano, Tolstoj è un cristiano intellettuale:

---

44 Spengler, *op. cit.*, pp. 936-939.

Ma, di fatto, Dostoevskij era un cittadino non soltanto nel suo modo di vita individuale, ma anche in tutte le sue creazioni e tipi. Mereschkovskij, nel suo noto libro *Dostoevskij e Tolstoj*, mostrava molti passi in cui l'opposizione dostoevskiana non corrisponde a quella agreste tolstoiana. Dostoevskij non conosceva affatto il contadino. Anche se appare spesso nelle sue opere, egli è o in prigione o è soldato. Di contro, Tolstoj non sapeva nulla della gente di città. Gli eroi dostoevskiani sono o della città governativa o di Pietroburgo. Qui vediamo la contraddizione presente nelle parole spengleriane: da una parte, a suo giudizio la città è un corpo estraneo alla vita popolare russa, dall'altra ritiene Dostoevskij il più cittadino di tutti gli scrittori, l'unica vera espressione dell'anima popolare russa. Dostoevskij fu il cantore di Pietroburgo, la città non russa, secondo Spengler, come Dickens di Londra e Balzac e Zola di Parigi. Ma Tolstoj viveva nella sua proprietà di Jasnaja Poljana e raramente la porta con sé per andare a Mosca, ma odiava Pietroburgo e vi visse soltanto durante gli studi. Tolstoj, l'unico scrittore russo così intimamente fiducioso nella vita agreste, dato che, come nessun altro, sapeva descrivere il contadino e il suo cavallo e anche il suo terreno arato, Tolstoj è, per Spengler, l'aristocratico che fugge in solitudine e sulla terra disgustato dalla vita cittadina. Tolstoj è un patriarca, sia nel suo modo di vita, sia nella sua attività creativa, ma Dostoevskij è un bohèmien, che trascorre i suoi giorni e le sue notti nel cafè letterario e nella redazione. Dostoevskij ha la nervosità e l'isteria del tipico cittadino. Oggi Tostoj non è popolare né in Russia, né in Europa, non è più di moda. E questo induce Spengler a sostenere che Tolstoj non fosse essenzialmente russo. Ma nel modo ricorda il superamento del tolstoismo solo l'impopolarità di Rousseau nell'epoca imperiale e della Restaurazione. Tolstoj esige cambiamenti, come Rousseau e Ibsen e noi che siamo sorvolati su così tanti eventi storici, e siamo stanchi di queste richieste, aspiriamo alla quiete[45].

---

[45] Gaissinowitsch, *op. cit.*, p. 47-48.

Mentre Spengler riteneva Tolstoj il padre del bolscevismo e Dostoevskij l'incarnazione millenaria dell'«anima magica», Gaissinovic non soltanto ritiene indecidibile la questione sulla maggiore o minore russità dell'opera dell'uno o dell'altro, ma procede a un radicale cambiamento di prospettiva. Tolstoj è assolutamente russo, sia come artista, sia come pensatore religioso, sia come critico delle condizioni sociali, sia come sua anima anarchica (condizione paradigmatica di un paese alle soglie della rivoluzione). La rinascita religiosa russa di fine Ottocento non è né un fenomeno tipicamente «magico», né ha avuto effetti visibili su larghi strati della popolazione russa (che resta essenzialmente lontana dalle pieghe misticheggianti del cristianesimo dostoevskiano). Di riformatori religiosi pullula l'Occidente faustiano sin dall'età medievale (Savonarola, Pascal, Bossuet, Milton)[46]. Le idee religiose espresse nelle opere tolstojane o dostoevskiane «agiscono soprattutto nelle cerchie dell'intellighenzia, dei dotti razionalistici, ma non ebbero alcun influsso sull'ordine sociale, perché non penetrarono in ampi settori del popolo»[47]. Tolstoj e Dostoevskij sono come i piccoli altipiani collinari nella steppa russa sulle tombe scizie, spiccano senza tuttavia essere esemplificativi di un comune sentire popolare o dell'intellighenzia rivoluzionaria russa. Che resta – sottolinea Gaissinovic – fondamentalmente a-religiosa o atea, sospinta da motivazioni economiche e politiche largamente ispirate all'Occidente «faustiano»[48].

Un'altra obiezione mossa da Gaissinovic a Spengler riguarda l'effettivo valore delle grandi idee sulle sorti dei popoli. Posto che Tolstoj e Dostoevskij rappresentino

---

[46] Ivi, p. 52.
[47] Ivi, p. 53.
[48] Cfr. ivi, pp. 54 ss.

l'acmé dello sviluppo storico-spirituale russo, non sono tuttavia le personalità più elevate a influenzare effettivamente la vita e la storia dei popoli. Sì, possono restare in qualche modo le loro stelle fisse, ma spesso la storia è capricciosa: spariscono o si imbalsamano le grandi idee e i loro portatori, mentre agiscono sulla storia dei popoli gli abili divulgatori o coloro che sanno ben cogliere lo spirito dei tempi, il passato e il futuro delle esigenze e delle passioni popolari. Il Dostoevskij scrittore «vive nelle anguste sfere del mondo dei lettori», mentre il Dostoevskij religioso, quello «magico», ha un influsso minimo, se non inesistente sullo spirito e la storia russa. Lo schematismo spengleriano, che spiega deduttivamente realtà complesse attraverso un fenomeno (come Dostoevskij), funziona assai poco se applicato a un paese in grande trasformazione come la Russia ottocentesca. Tolstoj, il grande alfiere della vita agreste, è russo anche nella sua critica ai malcostumi delle città! Dostoevskij, il grande alfiere del cristianesimo russo, è figlio del mondo urbano: egli è meno «dostoevskiano» di Dante e Shakespeare, punte di diamante dell'«anima faustiana» occidentale, perché fa luce sugli angoli oscuri dell'animo umano. Dostoevskij è russo, ma tutt'altro che «magico»:

Lo storicismo è caratteristico della visione del mondo dostoevskiana, che si fondava su un rapporto positivo con le basi sociali. Dostoevskij ama la storia russa. Egli è un fenomeno culturale che si basa sulla conoscenza del passato nazionale. Dostoevskij non é né un uomo atavico, né un "contadino", che Spengler raffigura come uomini mancanti di senso storico. Dostoevskij è un uomo di città con senso della società e della storia. Tolstoj è un "contadino". Tolstoj odia la storia, i fatti e gli avvenimenti storici, gli eroi storici. Il rapporto dostoevskiano con gli eroi storici ricorda quello di Thomas Carlyle. Quest'ammirazione, che T. Carlyle tributa all'eroe della storia inglese Cromwell, Dostoevskij la esercita nel suo rapporto con Pietro il Grande, l'eroe della storia russa. L'odio tolstoiano per gli eroi e gli avvenimenti storici non è l'odio di un uomo di cultura delicata e sensibile, stanco della società, come per esempio Tacito, Taine e Fustel de Coulange, ma è l'odio del "contadino" contro ogni sviluppo sociale[49].

Pur osservando l'influsso dostoevskiano nell'opera di intellettuali vicini alla Rivoluzione, come nel poema *I dodici* di Blok (1918), nella vita sociale russa esso resta scarso o assai circoscritto:

La lotta tra i bolscevichi e i loro avversari è, ideologicamente parlando, una disputa di idee occidentali. La chiesa ortodossa e il settarismo contadino, cioè il cristianesimo russo dominante, su cui Dostoevskij si sofferma molto nei suoi scritti, resta passivo durante la terribile tragedia della Rivoluzione russa. Lottarono invece le idee internazionali originarie dell'Europa con quelle nazionali, anch'esse europee. Il sentimento nazionale, un sentimento essenzialmente europeo, investì tutti i ceti e le classi della società russa. Anche Dostoevskij predica il nazionalismo, ma non era l'uomo primigenio o il "contadino", bensì l'allievo fedele di Fichte ed Hegel. Per bocca di Satov, uno degli eroi dei *Demoni*, Dostoevskij esponeva le sue idee nazionali, proprio il Satov che ritornò dall'Occidente.

Lo spirito anarchico, profondamente e fortemente presente nei russi, oggi è quasi del tutto svanito. Gli eventi degli ultimi dieci anni insegnarono ai russi ad assumere una posizione positiva verso il potere statale. Questo rapporto positivo verso l'amministrazione statale Dostoevskij non lo imparò dai contadini russi[50].

La parte finale della tesi di Gaissinovic è dedicata all'analisi della Rivoluzione russa. La Russia non è una

---

[49] Cfr. ivi, pp. 57 ss.
[50] Ivi, p. 66.

monade a se stante, come sostiene Spengler nella sua visione «leibniziana» dei fenomeni storici, ma è, malgrado le dimensioni, una realtà paragonabile a quelle europee occidentali. La visione spengleriana della Russia è puramente libresca così come quella dell'ebraismo: mentre per il secondo si ispira alle letture di Eduard Meyer e di Ernest Renan, per la prima si limita a citare alcuni testi di Blok[51]. La Russia bolscevica di oggi è assolutamente occidentale: Lenin non è che una copia di Marx, «sintesi dello spirito occidentale»; i bolscevichi «faustiani» hanno vinto sui socialisti-rivoluzionari («magici» solo in parte) nella stessa misura in cui la città dostoevskiana ha vinto sulla campagna tolstoiana. Ma non solo: i commissari del popolo bolscevichi sono gli eredi diretti degli zar e degli imperatori russi anche nella loro visione centralistica dello stato. «In breve – osserva l'autore – nella Rivoluzione russa scorgiamo la vittoria della città sul villaggio, dello Stato sull'anarchia, del centralismo sul federalismo, dell'occidentalità sull'orientalità. Il fenomeno che porta il nome di Rivoluzione è specifico tanto per i gruppi sociali occidentali, quanto per quelli orientali»[52]. La Rivoluzione russa non è «l'espressione dello spirito di Dostoevskij, ma del centralismo russo pre-rivoluzionario, di quel centralismo che dominò anche in molti paesi occidentali, e delle idee occidentali giunte dall'Occidente e non delle idee native dostoevskiane. Le grandi rivoluzioni giunsero a esprimersi nei paesi in cui il centralismo era dominante: a Roma, in Inghilterra, in Francia e in Russia. In quei paesi in cui le forze federaliste superarono quelle centralistiche, lì non avvenne alcuna grande rivoluzione che avrebbe riportato la vittoria, in Grecia, Italia e

---

[51] Cfr. ivi, p. 69.
[52] Ivi, p. 70.

Germania»[53].

Gaissinovic giunge a sostenere che il «socialismo», nel senso spengleriano del termine (centralismo burocratico statale) sia nato in Russia, sulle ceneri del canato tataro e dell'impero bizantino, per poi spostarsi in Prussia. Ben poco peso è stato esercitato dalle correnti anarchiche, onnipresenti nel mondo culturale russo, ma sistematicamente represse e sconfitte dal potere centralistico[54]. La Russia è la vera espressione della «volontà di potenza» statuale (nel senso spengleriano del termine). Occidentale nella forma statuale, nelle idee, nella religione (l'ortodossia cristiana è assai più vicina al cattolicesimo e al protestantesimo che alle religioni orientali), ha trovato in Lenin il suo moderno Ivan III:

Lenin ricorda nelle sue qualità politiche Ivan III, lo statista concreto e scrupoloso: per questi gli interessi statuali erano la cosa più importante e decisiva, mentre il significato del singolo era posto totalmente in secondo piano. Lenin, il rivoluzionario, ricorda molto Calvino e Cromwell. Il bolscevismo non rappresenta un partito organizzato, ma un ordine. È un moderno ordine gesuitico nel senso completo del termine. Ciò che Calvino è riuscito a fare solo in una città, a Ginevra, Lenin lo compì nello spazio gigantesco della Russia[55].

L'occidentalità della Russia non riguarda solo la politica o la forma statuale, ma anche la cultura. Come nel caso dell'Inghilterra e della Francia post-rivoluzionarie, così anche nella Russia della normalizzazione scienza e arte saranno al servizio del miglioramento sociale. lo spirito positivistico e sobrio prenderà il sopravvento sulle speranze chialistiche e millenaristiche espresse da artisti

---

[53] Ivi, p. 74.
[54] Ivi, p. 75.
[55] Ivi, pp. 78-79.

come Blok. Secondo Gaissinovic, Spengler non ha compreso la storia russa perché troppo tedesco e poco propenso alle comparazioni storiche. Se la Russia non può avere il valore e il ruolo che aveva il mondo arabo nella «civiltà magica», perché è solo un grande paese e non una civiltà a se stante, il futuro dell'Europa sarà dunque della rivoluzione bolscevica? La Russia non è una civiltà giovane, come ritiene Spengler. Il futuro appartiene, invece, ai popoli baltici, danubiani e balcanici. Permeati dalla civiltà tedesca e quella russa, questi popoli non sono ancora dotati di una vita cittadina e non sono abbastanza forti per affermare la propria irriducibile unicità culturale e politica. Sono abitati prevalentemente da «muzhik» (e non da fellah!). Pur essendo ancora in condizione tribale, paesi come l'Albania sapranno dare linfa nuova alla cadente società occidentale ben maggiore rispetto alla Russia e al mondo anglo-americano[56].

Conclusioni

La tesi dottorale di Gaissinovic si chiudeva con una sostanziale revisione storico-filosofica dell'interpretazione spengleriana sull'ebraismo e sulla rivoluzione bolscevica. Quello che stava a cuore al giovane studente ebreo bielorusso era il ridimensionamento del profondo pessimismo espresso dallo studioso tedesco circa le sorti dell'ebraismo. Spengler, infatti, non soltanto aveva «sradicato» l'ebraismo, facendolo rientrare tra le componenti dell'anima magica, ma lo aveva anche condannato alla morte storica. Si confrontino questi due passi. Nel primo si nega decisamente la forza del sionismo:

---

[56] Cfr. ivi, pp. 85 ss.

Come già al tempo di Ciro e, come ancor oggi, solo una assai ristretta minoranza di scarsa levatura spirituale s'interessava allora seriamente al «sionismo». Se la sciagura fosse stata davvero sentita come una «perdita della patria», quale oggi col nostro modo occidentale di sentire possiamo concepirla, a partir da Marco Aurelio per la riconquista di quella patria vi sarebbero state cento occasioni. Ma ciò avrebbe contraddetto il sentimento nazionale magico. La forma ideale di nazione era la «sinagoga», il puro *consensus*, come la «chiesa visibile» del cattolicesimo primitivo e come l'Islam; e proprio una tale forma ideale *non fu realizzata interamente* che *dopo* la distruzione dello Stato della Giudea e il dissolversi del sentimento di stirpe, di ceppo, che in esso viveva[57].

Nel secondo si canta il de prufundis dell'ebraismo euro-occidentale:

[...] l'ebraismo corre pericolo di scomparire insieme al suo ghetto e alla sua stessa religione [perché] ha perduto ogni specie di coesione interna, e solo è rimasta una solidarietà sul piano praticistico. Ma il vantaggio che l'antichissimo pensiero economico di questa nazione magica possedeva diminuisce sempre più; di fronte all'Americanismo esso è quasi inesistente, con il che scompare anche l'ultimo valido mezzo di mantenere il *consensus* dissociato dalla terra. Nel punto in cui i metodi «civilizzati» delle metropoli euro-americane avranno raggiunta la loro perfetta maturità, almeno in questo mondo – il mondo russo costituendo un problema a sé – il destino dell'ebraismo sarà esaurito.

L'Islam ha un *suolo* sotto di sé. Esso ha assorbito in sé quasi per intero il *consensus* persiano, ebraico, nestoriano e monofisita. [...] Ma la parte euro-occidentale e americana del *consensus* ebraico, che ha attirato a sé quasi tutte le parti restanti legandole al proprio destino, è ora finita nell'ingranaggio di una

---

[57] Spengler, *op. cit.*, p. 959.

giovane civilizzazione, senza connessioni ad un qualche pezzo di terra, dopo che per secoli si era chiusa in forme da ghetto e così si era preservata. Ora si trova invece dispersa e si avvia verso la sua completa dissoluzione. Ma questo è un destino che non rientra nella civiltà faustiana bensì in quella magica[58].

La concezione gaissinoviciana dell'ebraismo è simile a quella spengleriana nella prognosi, ma è diversa nella diagnosi. Anche l'ebreo bielorusso crede che l'assenza di un territorio abbia favorito la creazione di una «nazione magica» ebraica basata su un *consensus* a-territoriale. Anch'egli ritiene che l'ebraismo occidentale sia vicino al tramonto (per assimilazione incipiente). Ma il vero nucleo dell'ebraismo non è il giudaismo religioso, sviluppatosi a partire dal 70 d.C. (come ritiene Spengler), bensì il suo nucleo politico, preesistente e ancora vivo. Secondo Gaissinovic, la storia ebraica è la storia della lotta tra sacerdoti e guerrieri, tra la vitalità e la decadenza, tra la particolarità e l'universalità, tra il radicamento e lo sradicamento, tra la Torah e il Talmud. La diagnosi spengleriana è errata (se non riduttiva) nella misura in cui non considera il fatto che un popolo è sia *Kultur*, sia *Zivilisation*, che il nucleo vitale può sopirsi, ma non può morire. Non esistono civiltà magiche o faustiane tout-court, ma elementi faustiani e magici in tutte le civiltà, elementi giovani ed elementi senescenti (*Kultur* e *Civilisation*). Come la vitalità russa risiede nel suo spirito nazionale rinnovato, di cui il bolscevismo è l'espressione storica momentanea più fresca, e non nel millenarismo magico dostoevskiano, così quella ebraica risiede nello spirito nazionale manifesto durante la colonizzazione dei primi secoli dell'era cristiana e nel rinato movimento sionista. La piega legalitaristica del giudaismo esilico è

---

[58] Ivi, pp. 1129-1130.

sintomo della decadenza ebraica, che è iniziata proprio con la fine dell'indipendenza politica e la diffusione colonizzatrice, e non – come crede Spengler – con la nascita dei ghetti moderni[59].

La diretta conseguenza di questa visione delle cose portò Gaissinovic non soltanto ad assumere un nuovo nome compiendo la propria «alijà» (emigrazione) in Palestina, ma anche a fornire un'interpretazione del tutto originale della storia ebraica. Se il caso russo ha mostrato che la divisione spengleriana tra civiltà magiche e faustiane lascia il tempo che trova, il motivo di questo errore consiste nell'aver ignorato il fatto che il vero nucleo di una civiltà è il legame tra suolo e nazione incarnato nella vigoria giovanile. Non importa dunque l'origine delle idee bolsceviche (occidentali od orientali), ma l'innesto avvenuto su determinati tronchi vitali radicati nello spirito nazionale russo. Allo stesso modo, la funzione storica del sionismo non consiste nella diffusione di un nuovo o vecchio universalismo (come quello cristiano marxista), ma nel restituire testa e vigoria fisica alla storia dell'ebraismo. In un articolo del 1935, intitolato *Estratti dal diario di un guardiano*, si è espresso in questi termini sul ruolo delle rivoluzioni nelle scienze fisiche e sociali:

La scienza geologica dei nostri tempi adora Nettuno e distoglie lo sguardo da Vulcano. Questo significa che oggi la geologia tratta dell'acqua e non del fuoco. [...] L'acqua è associata all'evoluzione; il fuoco è la rivoluzione. [...] La scienza geologica è ancora impigliata nella visione evoluzionista del XIX secolo. La scienza della storia della terra è più conservatrice di quella della storia della società umana. In geologia e in altre scienze affini la nozione di progresso è

---

[59] Cfr. E. Kaplan, *The Jewish Radical Right. Revisionist Zionism and Its Ideological Legacy*, Madison, University of Wisconsin Press, 2005, *passim*.

ancora dominante, mentre nelle scienze umane di oggi nessuno la prende seriamente in considerazione, eccetto i studi teologi russoviani e le religioni marxiane. Come nel caso dello studio della storia (gli annali dell'umanità), nello studio della geologia (la storia della superficie esteriori della terra), è Vulcano a regnare sovrano, non Nettuno. Il fuoco, le rivoluzioni e le catastrofi dominano la terra su cui stiamo. [...] Le guerre e le rivoluzioni dominano anche la storia umana[60].

Il dilemma dell'ebraismo contemporaneo (se con ebraismo intendiamo tutte le persone appartenenti al popolo ebraico e non semplicemente la religione ebraica, cioè il giudaismo) è stato espresso dall'intellettuale bielorusso ricorrendo a una nota figura dostoevskiana. Si tratta del protagonista di *Delitto e castigo*, l'assassino di una vecchia usuraia poi redento dall'amore cristiano di una donna. L'articolo *Raskolnikov nella prigione centrale* (1935) affronta i dilemmi morali di un individuo imprigionato con l'accusa di omicidio. L'individuo è arabo, ma è cristiano (non a caso, si chiama Gesù). Indossa un completo rosso, essendo di fede socialista e marxista. È popolare sia tra i prigionieri cattolici, perché è stato condannato dalle autorità protestanti inglesi, sia tra gli amministratori penitenziali, perché è un indefesso lavoratore alla tipografia della prigione. La prigione non è soltanto un luogo di pena fisica e morale, ma è anche un microcosmo con le sue regole alimentari e sessuali. Le abitudini omosessuali dei prigionieri differiscono in base al ruolo che essi assumono in prigione: quello passivo-femminile o quello attivo-maschile. Achimeir sostiene che i prigionieri occidentali tendono a ricoprire entrambi i ruoli (possono essere "maschi" e "femmine"), mentre quelli orientali solo uno o l'altro. Il Gesù-Raskolnikov

---

[60] Cit. ivi, p. 16.

dovrebbe teoricamente ricoprire il ruolo maschile-attivo per la sua grande importanza tra i carcerati (è omicida reo confesso, occupa cioè il grado più alto nelle gerarchie virili). Avendo però già ricoperto quello passivo-femminile durante una pregressa attività prostitutiva, funge da "femmina" per la maggior parte dei prigionieri orientali. Inoltre, l'abbigliamento domenicale da preghiera è occidentale nella parte inferiore e orientale in quella superiore. Chi è dunque il Raskolnikov palestinese vestito di rosso?

Secondo Achimeir, la vicenda del carcerato arabo, cattolico e marxista è l'emblema della scissione contemporanea dell'animo ebraico. Gesù è tormentato non perché omicida irredento, ma perché privo di un'identità ben definita. È sia orientale, sia occidentale. È "femminile", marxista e cattolico praticante. Rappresenta l'ebreo diasporico e quello palestinese, scisso tra opposte identità, fra bisogni nazionali e condizione internazionale, incapace di scoprire e realizzare la sua vera natura: quella di essere fonte di un nuovo potere e non il difensore di vetusti ideali femminili. Il cristianesimo e il marxismo sono movimenti intimamente ebraici, sostenitori di messaggi universali extra-nazionale, capaci di fornire un messaggio di redenzione futura. La loro ipocrisia consiste nel sopprimere la vera natura umana, che – secondo l'autore – è nazionale. Come il Gesù-Raskolnikov, così il sionismo laburista palestinese è scisso tra i bisogni nazionali e la ricerca di giustificazioni universali. A differenza di questo, il monismo revisionista è il vero movimento rivoluzionario, perché è l'unico a combattere contro l'odio di sé ebraico. Gli ebrei sono disposti a farsi imprigionare per ideali e valori stranieri, agendo così contro la loro vera natura e perdendo la possibilità di ritornare all'età dell'oro, cioè alla statualità pre-esilica, guerriera, fiera e virile: «Una guerra contro il socialismo è una guerra contro l'antisemitismo. Da ciò che consegue che la guerra contro il socialismo non è soltanto una guerra per il monismo, ma anche una guerra contro l'antisemitismo»[61]. Ancora una volta Achimeir dimostra di aver assorbito la lezione spengleriana, adattandola però alla sua particolare visione della storia ebraica.

Il sionismo di Achimeir si presenta come un movimento rivoluzionario di destra, che – quantomeno nella sua auto percezione – presenta analogie non indifferenti con il fascismo mussoliniano. Come per il giovane Mussolini, il marxismo del giovane Gaissinovic non è – osserva Kaplan – «un impegno per la lotta di classe e la dittatura del proletariato. È un'infatuazione per la natura antisistemica del socialismo, con la risolutezza a contrastare l'ordine e le gerarchie esistenti e a mobilitare le masse». Il bolscevismo russo non è affatto assimilabile al socialismo occidentale, perché mentre il secondo è frutto di una civiltà decadente, statica e conservatrice, che ormai ha narcotizzato il conflitto spostandolo nelle aule parlamentari, il primo è figlio di un mondo (l'Oriente europeo, come ha scritto al termine della sua dissertazione) in stato di continuo cambiamento e proprio per questo è una forza politica rivoluzionaria. Recuperando le categorie marxiane di struttura e sovrastruttura, Achimeir sostiene che la politica debba solo occuparsi della seconda, mentre la prima vada lasciata al libero gioco delle parti. La crisi della finanza internazionale del 1929 non è l'esito della Prima guerra mondiale o di altri conflitti internazionali, ma semplicemente la logica conseguenza del collasso del libero mercato e del liberismo economico. Gli attori del mercato non sono *homines aeconomici*, ma *homines nationales*, perché è la sovrastruttura a condizionare la struttura, e

---

[61] Cfr. ivi, pp. 38-41.

non viceversa[62].

Il sionismo vitalistico di Achimeir, anti-intellettualistico, anti-illuministico e decisamente anti-occidentale, mette capo a una nuova visione del mondo per il popolo ebraico, che è tradizionale nelle fonti d'ispirazione (l'antico Israele), ma è rivoluzionaria nell'azione che intende portare avanti: il ritorno alla Terra d'Israele è un ritorno alle fonti vitali (condizione necessaria per trasformare l'ebraismo in una *Kultur*), un ritorno a una nazione secolare, territoriale, sovrana e politica. Nel 1928 definisce in questi termini la *Weltanschauung* del Betar (il movimento giovanile ebraico vicino al revisionismo jabotinskiano):

Qual è il compito del Betar? È chiaro. Creare una "guardia nazionale" dello Stato che si sta gradualmente costruendo. Se la realizzazione dell'idea sionista è stata ritardata negli ultimi anni, questo è dipeso dall'assenza di questa guardia. Uno stato si costruisce con strumenti politici. La politica diasporica è la politica dello *shtadlanut* (intercessione), che aspira al massimo, ai diritti, ricevuti in dono. La politica creativa non li ricevi, li prende. Si dona quando si vuole donare, ma si prende quando si ha sufficiente forza per prendere. Dobbiamo sviluppare la "volontà di potenza" nella gioventù, per usare l'espressione nietzscheana[63].

L'attivismo di Achimeir lo spinge sulla via della democrazia plebiscitaria, lo induce cioè a individuare un netto distinguo tra metodo democratico e ideologia democratica (gli esempi storici fioccano: Giulio Cesare e Napoleone). Già nel 1926, poco dopo il suo arrivo in Palestina, era stato piuttosto chiaro su quelli che debbono

---

[62] Cfr. ivi, 59-60.
[63] Cit. C. Shindler, *The Triumph of Military Zionism Nationalism and the Origins of the Israeli Right*, London, Tauris, 2006, p. 154.

essere i fondamenti di un nazionalismo integrale:

Leggi e comandamenti che vincolano l'individuo non si applicano al gruppo. Ciò che è proibito all'individuo è permesso al gruppo. La distinzione tra individuo e gruppo non è puramente quantitativa. Il gruppo è un organismo, dotato di proprie leggi speciali, che differiscono da quelle dell'individuo. Il "comandamento assoluto" dell'individuo, per esempio, gli proibisce di uccidere qualcuno a beneficio dei propri interessi. Raskolnikov, l'eroe di *Delitto e castigo*, uccide qualcuno per motivi personali, e perciò è stato punito. Ma Napoleone, che uccise centinaia di migliaia di persone, non soffrì di rimorsi di coscienza, perché fece ciò che doveva per motivi generali[64].

Un conto è la moralità interpersonale, un conto la moralità sociale: solo sulla base di questo distinguo può nascere un nuovo ebraismo politico dopo secoli di sommessa e soporifera acquiscienza. L'assassinio di uomini politici può avere una giustificazione razionale nazionale. La sua opera inedita, intitolata *Megilat Hasikarikin* (Il rotolo dei sicari), pubblicizzata durante il processo Arlosoroff, ma scritta alcuni anni prima, è dedicata a due donne: la girondina francese Carlotta Corday, assassina di Marat, e la socialista rivoluzionaria russa Fannie Dora Kaplan, che cercò di assassinare Lenin nel 1918[65].

Israele è dunque destinato a tramontare? A questo dilemma storico l'autore delle *Bemerkungen* risponde negativamente, a condizione – beninteso – che la *Kultur* ebraica non venga soffocata dalla *Civilisation* (ellenistica un tempo, comunista oggi). Destinato a rimanere un intellettuale scomodo ed emarginato anche fra la destra

---

[64] Cit. ivi, p. 158
[65] *Ibidem.*

sionista (Jabotinsky prima, Beghin poi)[66], Achimeir ha fornito una lettura originale della storia ebraica che avrebbe dato il via al cananismo, un movimento culturale nato a fine anni Trenta in seno al sionismo che sosteneva le origini ebraiche (e non giudaiche) della civiltà mediorientale[67]. La nascita di uno stato ebraico ha significato dunque la radicale messa in discussione non soltanto della millenaria storia diasporica, ma anche delle radici stesse dell'identità ebraica diasporica, cioè della tradizione religiosa. Come l'ideologia fascista, così l'ideologia cananea contiene elementi progressisti e conservatori. I primi consistono in un'enfatizzazione degli aspetti giovanili e giovanilistici (come l'irruenza, la libertà e l'attivismo fine a se stesso), i secondi nel ritenerli espressi al meglio in un passato ormai lontano, quasi mitico, oltre la cortina di nebbia rappresentata dal «Medioevo» giudaico e islamico. Achimeir si ispira indubbiamente a Spengler nella propria visione organica della storia umana, ma se ne distanzia per l'alta considerazione che ha della civiltà ebraica (che lo studioso tedesco riduce al giudaismo halakhico): l'ebraismo è un fenomeno unico nella storia umana, perché affonda le sue vere radici non nel sistema legalistico religioso ma in un legame spontaneo e naturale, che ha nella religione uno dei suoi perni, ma nello spirito sempre rinnovantesi il suo nucleo più intimo.

---

[66] Cfr. Heller, *op. cit.*, pp. 11 ss.
[67] Cfr. Y. Shavit, *The New Hebrew Nation. A Study in Israeli Heresy and Fantasy*, London, Frank Cass, 1987, pp. 15 ss.

Annotazioni

www.ingramcontent.com/pod-product-compliance
Lightning Source LLC
Chambersburg PA
CBHW051823250726

48659CB00005B/1639